如何用数据
解决实际问题

[日] 柏木吉基 著
赵 媛 译

目　录

序　章　我在日产学到了什么 …………………………… 1
　　　　让戈恩社长点头称赞的管理工具 ………………… 3
　　　　给出"答案"的期限是 3~4 个月 ………………… 5
　　　　如何在实际工作中使用数据 ………………………… 7

第 1 章　解决问题，你需要"流程" …………………… 11
　　　　第一个重点是"划定范围" ………………………… 12
　　　　从锁定原因到研究对策 ……………………………… 13
　　　　开始之前的准备工作 ………………………………… 15
　　　　数据分析需要"假设" ……………………………… 17
　　　　用框架来查缺补漏 …………………………………… 22
　　　　开端决定了结论的质量 ……………………………… 26
　　　　开始以后很难再扩大视野 …………………………… 31
　　　　思考问题之"外"的问题 …………………………… 32
　　　「解决问题的故事 1」
　　　　　问题：汽车销量下滑，怎么办？ ………………… 34
　　　　　第一步：明确计划与现实之间的差距 …………… 34

第 2 章 分解数据，找到"问题的关键" ········· 37
"趋势"视点和"快照"视点 ············· 41
"WHAT 型假设" ···················· 43
表示大小的"平均值" ················· 45
"好用"背后的陷阱 ··················· 46
平均值不能代表总体 ·················· 47
了解"中位数" ····················· 50
"油炸豆腐"和"天妇罗面渣"，哪个更好吃 ····· 52
平均值所掩盖的真相 ·················· 53
乌冬面和荞麦面的教训 ················· 55
用"波动"的视点给平均值做补充 ··········· 56
标准差为什么"用不上" ················ 61
"变异系数"的魅力 ··················· 65
视觉也是"感觉" ···················· 68

「解决问题的故事 2」

第二步："分解"数据，锁定问题的关键 ······· 72

第 3 章 采用交叉视点，锁定"原因" ············ 87
表示二者关系的"相关系数" ·············· 89
Excel 的小妙招 ···················· 91
锁定原因也需要"假设" ················ 94
相关系数的四大优势 ·················· 96
找到相关分析的着眼点 ················· 99
奖金被用到哪里了 ··················· 102
用 Excel 加载项进行批量分析 ············· 104

利用矩阵排列优先顺序 …………………………… 108
　　不要随便编故事 ……………………………………… 111
　「解决问题的故事 3」
　　　第三步：建立 WHY 型假设，关注影响客户
　　　　忠诚度的要素 ………………………………… 119

第 4 章　制定对策，要依据"方程式" ………………… 129
　　10 秒钟完成一元回归分析 ………………………… 132
　　关注相关系数的平方 ……………………………… 137
　　注意事项及应用事例 ……………………………… 139
　　看相关系数还是看斜率 …………………………… 144
　「解决问题的故事 4」
　　　第四步：通过一元回归分析，发现车型 B 和
　　　　车型 C 的不同问题 …………………………… 151

第 5 章　用数据讲故事 …………………………………… 165
　　解决问题的故事 …………………………………… 174
　　把解决问题的过程展现出来 ……………………… 177
　　在组织中使用数据的价值与难点 ………………… 178
　　你能用数字推翻众人的理解吗 …………………… 181
　　更上一层楼（高级技能简介）…………………… 183

后　记 ……………………………………………………… 193
出版后记 …………………………………………………… 195

序　章

我在日产学到了什么

解决实际业务或者管理中的问题是商务人士每天都要面对的必修功课。或者不妨说，商务人士的工作就是要解决各种各样的问题。其中大概有很多人依靠过去累积的知识或直觉解决眼前的问题。但是，请考虑下面这两个问题：

- 以前的经验今后也会畅通无阻吗？
- 自己所见的范围和经验没有局限性吗？

关于第一个问题，不难想象，在瞬息万变、新事物层出不穷的当今社会，已经无法仅凭个人或组织的既往经验来判断和解决所有的问题。至于第二个问题，很明显，随着全球化的发展，业务逐渐走向多元化，并不断扩大，从业务的整体来看，个人所能掌握的知识是极其有限的。

我在日产汽车公司的全球总部工作了大约11年。最初的6年，我隶属于掌管海外市场的营销和销售部门，主要工作是通过"数据"来把握所负责国家的销售业绩、当地子公司的经营状况等无法亲自确认的情况,然后根据业绩数据来预测将来,制定预算和计划。

在此期间,日产公司的总部进一步实现了全球化发展,公司里可以看到来自各个国家的面孔,外籍员工的人数与日俱增。在这种情形下,如果部门中资历较老的日本人仅凭自己的直觉或经验发表意见,有时就会被视为过于"主观",甚至被外籍高管置之不理。

因为是中途转行加入日产公司,我不太会受到过去的条条框框或陈规旧矩的束缚,并且一直有意识地思考,作为半路入行者应该如何为公司创造价值,自己有哪些不同于为公司效力二三十年的老员工的新价值。

我的具体做法是,结合自己所擅长的数字和逻辑,从外部的视角出发,深入挖掘公司及海外市场的数据和信息,反复尝试,直至找出能让自己信服的解释或故事。

让戈恩社长点头称赞的管理工具

当然,并非所有的尝试都能达到预期的效果。不过,在这个过程中,我也发现了一些工作十几年、二十几年的老员工都未曾察觉的问题或事实。我用简单易懂的方式将这些问题展现出来,既实现了自身的价值，赢得对方的信赖，同时也自然而然地为自己找到了立足之地。

高层管理者能否客观地把握全球的业务状况，迅速采取适当的行动，这直接左右着公司的经营。我通过当时的直属上司，将自己开发的管理工具和机制提交给日产CEO卡洛斯·戈恩先生。这个工具能够按照相同的指标，对除日、美、欧之外的120个国家或地区的销售及经营状况进行客观的数据管理，从而帮助经营者在俯瞰全局的基础上采取适当的措施。而在这之前，一般都是由各地区的负责部门按照各自标准来评价其经营状况，各自采取他们认为必要的措施。

这样不仅无法掌握各地区的判断和措施是否适当，经营者也无法掌握涵盖所有市场的整体情况。因此我决定要深入探究这个问题。

我的想法和思路能够以符合逻辑的数据形式展现出来，因此得到采纳，成为后来的管理工具之一。后来，我成为第一位运用该工具工作的管理者，使它走上常规应用的轨道。通过这段经历，我体会到运用数据来客观地把握和评价现状的重要性及其对公司管理的影响，并认识到逻辑和数字能够在向对方传递信息时发挥重要作用。这为我解决各种问题奠定了基础。

后来，作为公司的内部咨询师，我在专门为戈恩社长以及各部门高层管理者解决管理和实际业务问题的团队度过了4年时光。不同于外聘咨询师，我们肩负着参与公司内部政治、提出方案并推动执行、与相关部门构建人际关系等重要责任，是非常值得挑战的岗位。

给出"答案"的期限是3~4个月

无论哪个部门的问题，一般都必须在3~4个月的短时间内给出答案。大多数情况下，我都需要与相关部门的关键人物一起，推动团队得出结论。

这些结论当然是要呈报给CEO和（以外国人为主的）高层管理者的。对有些领域（例如商品企划）的问题，我并没有直接从事相关业务的实际经验，但仍然需要在期限内做出客观的数据分析，并提出合理的建议。因为根本没有"过去的经验"，所以为了获得高层管理者的认可，我只能逐一确认客观事实，并用环环相扣的故事把数据统一到一起。

在客观事实当中，只有数据（数字）对任何国籍、职业经历或语言背景的人都能发挥威力。不过当然不能只把业绩数据做成图表就直接提交上去，必须用客观的、合乎逻辑的方式证明"为什么会这样""为什么说这样不好"，才能让对方接受

"那么需要怎么做"。

例如在海外设立新公司、大规模重组、彻底改变业务流程等，这些左右公司命运的重大决策，是怎样在最高层经营会议上提出来的呢？缺乏事实和逻辑根据的方案在提交给CEO之前，根本就无法获得相关部门高管的批准。任何项目的方案都必须满足一个最基本的条件，那就是首先要得到相关部门高管的认可，让他们觉得"这个内容可以接受，而且也足够简单易懂，能向CEO解释清楚"。

如果缺少任何人都能看懂的"数据"，没有能说得通的"故事"，方案就无法在有限的时间内获得批准。如果仅凭一时灵感或者主观偏见，导致内容与事实相悖，或者提示了错误的方向，则可能造成严重的后果，包括相关的人际关系等都会变得难以收拾。尤其是在很多项目中，各部门的责任范围都非常明确，各领域之间存在着对立的利害关系。因此我需要一些技巧，保证内容必须符合事实，而且不能作为个人的意见来阐述，而是要让数字或数据来"说话"。

我并没有可以适用于任何情形的方法。不过得出结论的过程以及数据的着眼点、基本的分析方法等并不局限于特定的部门或问题。这些最基础的部分就像计算机的操作系统，能通用于很多解决问题的项目。

复杂的管理问题不一定需要高难度的统计方法。简单易懂的表达方式反而更为重要。虽然也有很少一部分项目完全不涉及数字，但大部分问题都与金额或指标等数值紧密相关。

本书介绍的思路和方法，都是数据分析、统计分析、数据科学等专业领域中最为基础的部分。在挑战公司中的一般问题时，高难度的方法未必能获得正确答案，有时反而会使我们离目标越来越远，这样的事例并不少见。

除了规模宏大的管理问题之外，日常的实际业务中也可以用到完全相同的思路、工具或流程。这些方法可以根据更多的信息及更客观的事实，更高效地解决各种问题。充分运用数据，可以为此发挥重要作用。

如何在实际工作中使用数据

我们常说将数据应用于实际业务，但具体要怎样做呢？根据不同的阶段和水平，我们所需的能力可以分为以下4种。

（1）解读数据

掌握观察数据的"视点"（这是驾驭数据的基础）

（2）基本的数据分析方法

掌握通用的整理和分析数据的基本方法

（3）综合技能

将各种方法或思维方式有机结合起来，形成具有整体一贯性的解决问题的故事

（4）高级分析技能和IT系统

掌握运用专业的高难度方法和高难度技术进行分析的能力

有一些专门从事高难度数据分析的专家，被称为数据科学家。并不是所有的商务人士都需要这些高难度的分析技能。根据我的个人经验及我与各行业客户接触的切身体会，对一般商务人士来说，具备（1）~（3）的技能就足够了。

虽然作为数据分析的第一步，解读数据的能力极其重要，但商务人士在运用数据来解决问题时，最具有说服力和逻辑效果的是"综合技能"，即将各种数据分析结合起来，通过故事找到解决方法的能力。

本书在介绍各种基本数据分析方法的同时，将构建故事作为重点。有些章节会分别介绍单独的数据分析方法，但面对越是复杂的问题，组合运用的效果就越好。希望读者能感受到，1+1不仅等于2，有时1+1还会等于4、等于5。

此外，本书还会根据各章主题，结合简短的事例来介绍一些单独的分析方法和思维方式。与此同时，本书还会通过各章内容共同讲述一个"解决问题的故事"。

如果有人问我在日产公司参与的各种项目当中，有多少是可以运用本书介绍的内容来解决的，我可以断言"几乎所有都可以"。我并不是力求针对某些特定问题得出分析结果的数据科学家，也不是撰写学术论文或报告的统计学家。我是"解决问题的专家"，我的目标就是在组织当中，从更贴近实际业务和管理的立场，与相关人员达成共识，以推动工作前进并取得成果。

要实现这个目标，本书介绍的内容已经足够了。当然，在大量实践中积累经验，可以进一步提高技能。希望各位读者能身临其境地面对每个问题，与我一起思考。

那么，请大家在阅读本书时，假设自己正面临着下一页的问题。本书各章的最后会依次介绍"解决问题的故事"，提示解决这个问题的线索。

要解决的问题

近一年来,你所负责地区的汽车销售额明显下滑。你和周围的人都接受了社会上大多数人的观点,即认为其原因在于年轻人对汽车的疏远和少子高龄化的发展。

所有人的思路都停留在"这样下去可不行""整体经济形势不容乐观"的原地打转,重复从过去一直沿袭至今的挽回措施:增加拜访客户的次数,增加邮件推送广告的数量,希望能对现状有所弥补。

终于,销售本部长感到不能再这样持续下去了,命令你提出新的改进措施。如果你的提案获得批准,将会立即得到实施。提交期限是下周周末,然而到目前为止,你还没有想好应该如何改进。

这时,你得知总部的市场调查部收集了汽车用户的市场调查数据,于是向他们要来了相关资料。果然不出所料,这一年的销售额每月都在下降。像以前一样仅靠恒心与毅力,恐怕难以应付这种困难局面了。

那么,到底应该如何解决这个问题呢?让我们现在就开始行动吧。

第 1 章

解决问题,你需要"流程"

实际工作中的大部分数据分析都只是运用分析工具来"摆弄"现有的数据。因此，虽然不知不觉中做出很多图表，但耗费大量的精力和时间，最后也不过是总结出一份报告，只是描述了"本月XX分店取得了优异的销售业绩""经费的使用额在整体上有所增加"等实际情况。当然，这样很难找到有效的应对措施，或者找到造成这种现象的原因。

为了避免这种情形，我们需要了解"流程"，这是数据分析的前提。掌握了流程，才能避免见到数据就立即动手，却总是在原地打转的情况。分析的各个详细流程还会在后面的章节介绍，我们先来概观一下数据分析的整体流程（故事）。

第一个重点是"划定范围"

首先，我们要了解在实际工作中解决业务问题的整体流程，以及这一过程中涉及"数据分析"的范围。解决问题的流程从明确目的或问题开始，然后再逐步运用数据来把握现状，或者从所有数据中找到问题的关键("A店铺""B商品""20~30岁男性顾客"等)。

从开始运用数据把握现状到找到问题关键为止的过程叫作"数据整理"。这一阶段仅限于整理数据,还没到挖掘数据进行分析的阶段。这一阶段的特点是直接运用"总销售额"等表示整体情况的数据。

不过,所有业务都出现同样问题的情况比较少见,大多数情况是只有其中的某些关键部分才是主要问题。为此,需要逐渐划定数据的范围。

不划定对象数据,在所有数据上做文章的话,由于多个要素掺杂在一起,会很难找到问题的关键(着眼于何处、如何划定范围会在第2章介绍)。只有确定了分解数据的角度,对分解之后的要素进行比较,我们才能发现问题的关键。这样就可以从包含所有要素在内的整体数据中,划出作为分析对象的数据范围。

从锁定原因到研究对策

假设我们已经锁定了问题的关键,例如"问题是支店A的销售"或"问题是服务B的集客效果"等。那么接下来,就应该考虑"什么原因导致了这些问题"。为了找到原因所在,需要进一步缩小对象范围。关注2种以上数据之间的关系，有助于锁定原因。这里才是数据分析的精髓。

从上一阶段"找到问题的关键"开始，"数据整理"的工作逐渐开始变为可以叫作"数据分析"的内容。当然，只是找到原因不能算解决了问题，还要针对原因决定必须采取的措施，而且提出方案，不能只是停留在口头层面。

设定什么样的目标？数值是多少？实施需要哪些资源？只有将这些内容落实为具体的数值，决策者才会批准。方案最终获得实施，才算到达终点（实际上，之后还需要检验和反馈实施的结果）。

如果各个分析过程的内容及结果互不相干，无法形成一个连贯的故事，就没有说服力，我们需要通过整个流程，形成一个贯穿全体的故事（经过）。为此，首先要明确最重要的目的和问题，确保所有过程与操作在理论上最终都与这一目的或问题相关，这样整体的逻辑和流程才不会出现偏差。

此外，就像我在日产的所有工作一样，大多数情况下我们都必须在有限的（多是极其有限的）时间里取得某种形式的成果。如果分析漫无目的，时间转瞬即逝，结果很可能会超过期限。

把握包括分析阶段在内的整个解决问题流程，就能从全局来考虑时间的分配，了解"还有多少时间可用""目前在整个进度中处于哪个阶段"等。

这样做的优点是可以平衡准确度与时间之间的关系，考虑为目前从事的分析分配多少时间、答案需要精确到何种程度的同时，有计划地开展工作。这样，我们到达"得出答案"这一终点的概率也会大大提高。

如果没有时间限制，我们或许可以不计成本地进行高准确度的分析，但对不是专门从事分析的普通人来说，这是不现实的。为了在有限的时间里取得一定的成果，建议大家从一开始就对整体计划和"地图"做到心中有数。

开始之前的准备工作

进入具体分析作业之前，必须先明确目的或问题，接下来就详细介绍这一部分内容（图 1-1）。

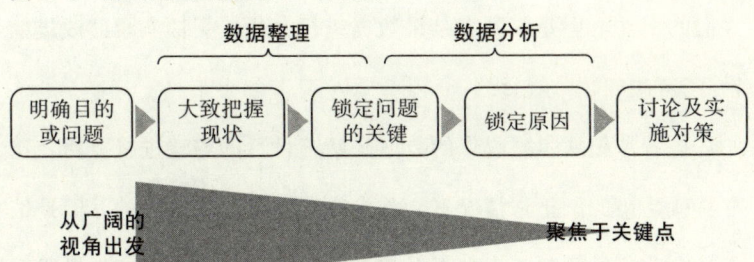

图 1-1　解决问题的流程从"明确目的"开始

　　　　　　　　　数据整理　　　　数据分析
明确目的　→　大致把握　→　锁定问题　→　锁定原因　→　讨论及实施对策
或问题　　　　现状　　　　的关键

从广阔的　　　　　　　　　　　　　　　　　聚焦于关键点
视角出发

不常做数据分析的人,开始可能很难迈出第一步,而是一直在原地打转。肯定很多人都有过这样的经历吧?

接到上司"数据分析"的指示,很多人会先把过去几年公司销售额的变化做成柱状图,然后再用折线图来体现每年相对上一年的增长。接下来,对不同种类的商品进行 ABC 分类。ABC 分类是指按照从大到小的顺序将销售额排序,根据不同商品在整体中所占比例的大小,将其分为"A 类""B 类""C 类",这是一种排列优先顺序的分析方法。

利用手边的数据,暂且先做了这些分析。可是在这之后,人们就会陷入停滞不前的状态,"接下来该怎么做呢……"

会出现这种情况,是因为分析者只关注了代表结果的数据,而没有具体考虑分析的目的或问题。

在解决问题的过程中,数据分析的目的是针对"原因是什么,需要采取哪些行动"等问题得出结论。销售额、利润等数据体现了公司业绩的最终结果,这类数据容易收集,也更容易得到人们的关注。但是仅盯着结果数据进行分析,无法实现"改进结果""解决问题"等目的。

抱着"先从容易收集的数据开始统计"的想法进行分析,这本身就是错的。正常情况下,首先应该确定分析的目的。但是忙于日常业务的商务人士在面对数据时,却往往会想要"先做成图表看看"。他们明知没有意义,却还是不由自主地这样做。

这样一来,无论怎样分析,大多数工作都是徒劳,效率非常低。在我举办的数据分析培训中,也有很多学员无法正确地迈出数据分析的第一步,不断重复错误。不要从分析(方法)开始,而要从明确目的或问题着手,这一点是最重要的。

数据分析需要"假设"

确定目的或问题后,才能决定假设、方法、所需数据等具体内容。进行数据分析,"假设"可以发挥重要作用。如图1-2所示,在解决问题的过程中,有两个环节需要假设。

图1-2 分析流程中必不可少的"假设"

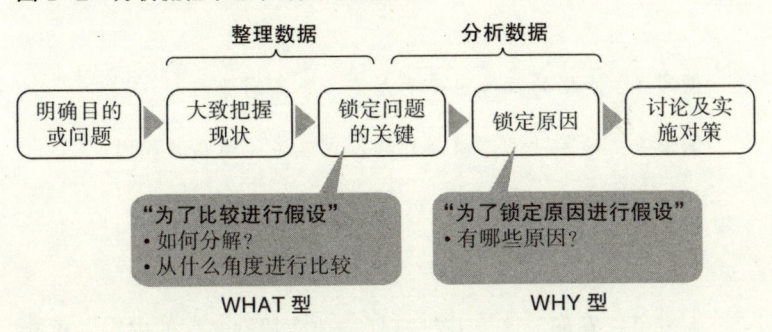

```
              整理数据          分析数据
明确目的  →  大致把握  →  锁定问题  →  锁定原因  →  讨论及
或问题       现状         的关键                    实施对策

                         "为了比较进行假设"    "为了锁定原因进行假设"
                         • 如何分解?          • 有哪些原因?
                         • 从什么角度进行比较
                              WHAT 型              WHY 型
```

首先,在"锁定问题的关键"时,需要通过"WHAT型假设"对数据进行分解和比较。此外在"锁定原因"时,还需要通过"WHY 型假设"来列举出候补原因。

关于这两种不同类型的假设，第 2 章将会介绍具体事例，在此仅用一个例子来说明如何通过假设得知"分析什么，如何分析"。假设我们使用 WHY 型假设，来探讨店铺 A 的现烤面包销售额在最近 3 个月急剧下降的原因。

为了整理思路，可以制作一个如图 1-3 所示的图表。按照逻辑关系，将目的或问题、假设、方法以及所需数据从上至下依次连接起来。

假设听起来好像很难，也许会让人有些抵触。其实我们也可以把假设替换成"着眼点"来考虑。

在这个事例中，可以考虑以下三种假设（为了便于参考，在此做了简化）。

假设 1：卖场的服务水平变差了（服务的原因）
假设 2：顾客对畅销商品的评价变差了（商品的原因）
假设 3：促销活动减少了（促销的原因）

大家可以发现，这里并没有列举什么特别高深的内容。重要的是，要将这几点用语言表达出来，确保任何人都能看懂。括号内的原因为着眼的关键词。

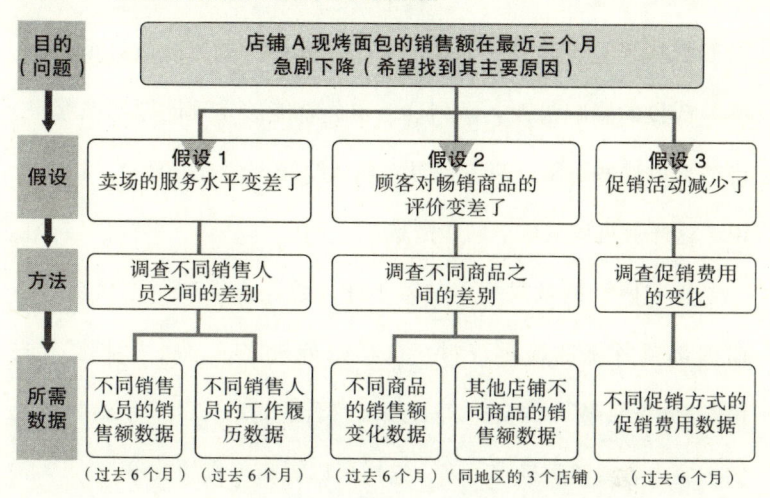

图 1-3　通过假设得出所需的方法及数据

```
目的          ┌─────────────────────────────────┐
(问题)        │ 店铺 A 现烤面包的销售额在最近三个月 │
              │ 急剧下降（希望找到其主要原因）      │
              └─────────────────────────────────┘
                         │
        ┌────────────────┼────────────────┐
假设    假设1             假设2             假设3
       卖场的服务水平    顾客对畅销商品的   促销活动减少了
       变差了            评价变差了
        │                │                │
方法    调查不同销售人    调查不同商品之    调查促销费用
       员之间的差别      间的差别          的变化
        │                │                │
    ┌───┴───┐        ┌───┴───┐
所需 不同销售 不同销售  不同商品 其他店铺     不同促销方式的
数据 人员的销 人员的工  的销售额 不同商品的   促销费用数据
     售额数据 作履历数  变化数据 销售额数据
              据
     （过去6个月）（过去6个月） （过去6个月）（同地区的3个店铺）（过去6个月）
```

如果觉得最初的假设挖掘得还不够深入，也可以进一步反复思考"为什么"，继续深入挖掘第二层、第三层假设，从而找到更为具体的问题（原因）。这里不再详细介绍深入挖掘的方法，但请注意：并非所有的情况都是只有一层假设就够了。

接下来，要确定检验各假设的方法及所需数据。如果检验假设 1 的方法是"调查不同销售人员之间的差别"，那么所需数据就是"不同销售人员的销售额数据"和"不同销售人员的工作履历数据"。对假设 2 也一样，如果将方法定为"调查不同商品之间的差别"，则需要"不同商品的销售额变化数据"和"其他店铺不同商品的销售额数据"。按照这个步骤进行准备，就可以大大减少面对数据不知所措的场面。

做完了这些工作，接下来总算到了分析数据的环节。我们要根据数据来检验假设。要确定对问题来说，哪种假设是正确的、哪种假设的影响最大。做到这一步，就能够发现问题出在哪里、应该采取哪些对策，或者是否需要继续深入调查或分析。也就是说，这样就可以采取下一步措施。

研究假设的效果并不仅限于此。它还有助于制作提交给公司内部或外部的演示资料。在开始分析之前，将"问题""假设""分析结果""结论"等必须以符合逻辑的方式展示给其他人的主要内容或流程确定下来，这样可以提高工作的效率。

接下来再介绍一下建立假设的方法。人们建立假设时，很容易依赖工作中的常识、自身的经验或直觉，可能会无意识地排除一些重要的假设。因此很多人会担心自己的假设是否存在偏差、是否视野过于狭窄。

我们既然采用了数据分析这种科学的研究方法，也就应该尽量客观地提出假设。为此，可以请别人对自己的假设进行确认，也有一些可以用来自己检查的方法。方法之一是运用"框架"作为思考问题的线索。这里的框架是指商务人士都经常会接触到的流程图、损益表及4P营销理论等（图1-4）。

这些方法可以帮助我们整理思路。针对"缩短从接到订单到发货的时间"的目的，可以通过流程图，整理出"接到订单"

第 1 章 解决问题，你需要"流程" 21

图 1-4 可用于假设的"框架"

流程图示例（目的：缩短从接到订单到发货的时间）

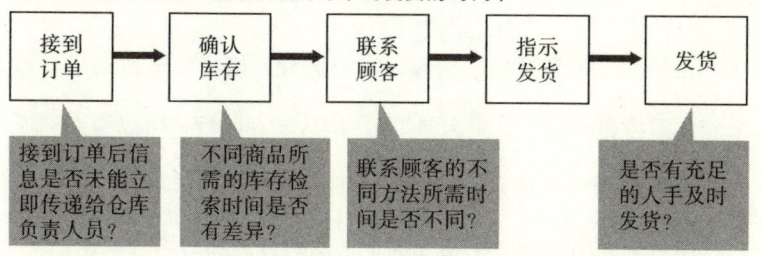

接到订单 → 确认库存 → 联系顾客 → 指示发货 → 发货

- 接到订单后信息是否未能立即传递给仓库负责人员？
- 不同商品所需的库存检索时间是否有差异？
- 联系顾客的不同方法所需时间是否不同？
- 是否有充足的人手及时发货？

损益表（P/L）示例（目的：防止利润继续减少）

项目	假设
销售收入	单价或数量是否减少了？
销售成本	人工费、原料费是否提高了？
销售总利润	
销售费用及一般管理费用	促销费用是否增加了？
营业利润	
营业外收入/支出	最近的营业外支出是否有变化？
净利润	

4P 营销理论示例（目的：防止销售业绩继续下滑）

Product（产品）	Place（渠道）	Promotion（促销）	Price（价格）
产品竞争力下降了吗？	因断货而错失销售良机了吗？	促销的效果减小了吗？	与竞争对手相比处于劣势吗？

"确认库存""联系顾客""指示发货""发货"等各工序中可能存在哪些问题。

比如，在接到订单的阶段，可以假设"接到订单后信息是否未能立即传递给仓库负责人员"；在确认库存阶段，可以假设"不同商品所需的库存检索时间是否有差异"等。这样可以更容易针对具体对象提出假设，也便于确定采用的方法和所需的数据。

损益表也有助于建立假设。面对"防止利润继续减少"的问题，可以针对"销售收入""销售成本""销售费用及一般管理费用"等项目，分别提出假设。例如，针对销售收入可以假设"单价或数量是否减少了"，针对销售成本可以假设"人工费、原料费是否提高了"等。

此外，我还建议运用 4P 营销理论的思维方式，将问题按"产品""渠道""促销""价格"进行分类。如果问题是"防止销售业绩继续下滑"，则可以从这 4 个角度来提出假设。这样就比较容易整理出如"产品竞争力下降了吗""因断货而错失销售良机了吗""促销的效果减小了吗"等问题。

用框架来查缺补漏

前面介绍了框架的作用，但这并不说假设必须完全符合框架。使用框架，是为了检查假设是否有遗漏。此外，框架还有助于明确"可视的范围"和"不可视范围"。它可以帮助我们认识到，"自己目前正在哪个范围进行研究"。这一点极为重要，因为它直接规定了数据分析的范围。

例如对产品非常熟悉的人，就有可能将注意力只集中在产品上，而不太会考虑渠道或价格。即使是十分了解业务流程的人，对于销售收入、销售成本等财务方面的假设，有时也会出现遗漏。因此，利用框架提炼出需要考虑的关键词，再次确认自己的视野是否受到局限才是万全之策。

此外，遗漏并不都出于无意识的疏忽。我经历过的公司内部改革中，对一些需要伴随痛苦的改革、改进或问题，相关人员有时不一定会爽快地提供、明示所有的知识或信息。尤其是对自己不利的信息，有人甚至会刻意隐瞒。

这种情况下，就必须依靠其他通用信息（框架等），实现尽可能完善的分析。尤其是对方远在国外的情形下，难度就会更大。因此我们需要具备克服这些困难的能力和技巧。

接下来再介绍一下提出假设时的其他关键。从能影响各项假设的驱动视角来思考问题，更便于找到下一步应该采取的措施。驱动是指"自己能够控制的数据"。因为根据分析数据的结果，找到解决问题的措施，才是大多数问题的最终目标。

根据应该采取的措施来提出假设的做法是本末倒置，但如果提前意识到之后应该采取的措施，则可以避免出现最糟糕的情形，即"分析后却没有找到应该采取的具体措施"。能否做到这一点是重要的分水岭，决定了我们的工作只是以分析告终，还是能够解决问题。

看到这里，也许有的读者会觉得，"假设是很好，但是在数据分析之前要做的工作太多了。"这一点其实不用担心。因为我也并不是每次进行数据分析之前，都要制作类似图 1-3、图 1-4 的图表。

在尚未习惯数据分析的阶段，制作图表是一种行之有效的方法。但实际上很多时候，这个工作只要在头脑中做就可以了。制作图表可以提高数据分析的效率，更容易实现目标。但如果成为负担，害得我们为此而顾不上关键的数据分析和解决对策，图表就失去了意义。

此外，即使提出了思路清晰的假设，确定了所需的数据，在实际工作中却很少会遇到所需数据全都摆在眼前的情况。不过即便这样，我们也不应该根据"现有数据"来开始所有的工作。只在"现有数据"的范围内进行分析或者解决问题，会妨碍我们发现问题的本质及有效的对策，很可能导致我们的工作仅以"数据游戏"告终。

没有数据就要不计代价地花费时间或金钱去收集数据,这种观点没有错,但在实际工作中却是不现实的。因此商务人士需要设法借用相同或相近的数据来代替理论上所需的数据。

例如,假设我们需要"工作繁忙程度"数据。如果对所有员工就最近一个月的繁忙程度进行问卷调查,应该能够获得包括主观评价在内的数据。但是如果不具备进行问卷调查所需的时间或人力,就应该寻找与"繁忙程度"近似的数据。这样就可以拓宽思路,用"每月人均处理票据的数量""平均加班时间""日平均工作时间"等常规的管理数据进行分析。

我在日产负责中东及近东市场时,曾经需要预测未来的市场需求。当时没有日产汽车的需求预测数据,我必须自己收集可能与之相关的数据,并用数字来证明自己的预测。原油价格、外汇汇率、对象市场的GDP(国民生产总值)等数据可以反映出中东及近东市场的特征,并且在相关机构的官方网站上都能够查到。于是我将这些数据与日产过去的业绩进行对照,从中选出可以用上的内容,尽量从自己能够获得的数据中挖掘出更多的信息,反复摸索试错。

这种努力已经不是分析方法的问题,而是依靠个人创意和毅力获得成果的尝试。这次经历也使我改变了"没有合适的数据就无法分析"的观点。这件事坚定了我的信心,对任何看似有用的数据，都要想方设法从中挖掘信息，分析出尽可能正确的结论。

开端决定了结论的质量

下面针对最初的"设定问题"做一些详细介绍。从顺序上来看，"设定问题"位于"假设"之前，直接决定着分析的质量。对所有问题来说，最初的"问题定义"都决定了后面工作的成败。

针对实际业务的数据分析也是同样的道理。例如，假设下属想按照下面的步骤进行分析，您会在哪些地方指出他们的漏洞呢？

问题：过度降价导致洗发水 A 的年度利润下降
↓
假设 1：某些店铺过度降价
假设 2：集中在特定时期过度降价
假设 3：与竞争对手展开价格战导致过度降价
↓
假设 1 所需数据：每个店铺的实际降价数据

假设 2 所需数据：每月实际降价数据

假设 3 所需数据：竞争对象产品的价格变化数据

收集数据进行分析的结果显示，不同店铺之间确实存在降价幅度的差异，不同月份也可以看出某种程度的季节性变化，此外竞争对手也在挑战降价极限。检验的结果，就是所有假设都不是毫无根据的。

不过，大家是否看到这个看似顺理成章的结果中潜藏的风险了呢？其最大的风险是设定问题时，分析者将思考范围狭隘地限定在"自己设想的范围内"。尤其是当分析者拥有具体的直觉和经验，并对其深信不疑时，这种倾向就表现得更为显著。很多时候，分析者并没有意识到，他们进行分析仅仅是为了验证自己的想法。

如果分析的结果能够支持（或接近）自己的想法，分析者就会大大满足，对风险就会变得极为迟钝。他们往往会产生一种错觉，认为分析取得了成功。这样一来，耗费时间与精力所做的分析就都成了徒劳。

如果最初就对自己的想法坚信不疑，即使只能从分析结果中获得零散的支持，人们有时也会用"自己的故事"去填补其欠缺之处。当我们遇到看似完美的问题设定、完美的假设、完美的分析结果时，就应该怀疑它是不是属于这种情况。这种分析大多是一开始就有了结论，未必具有很大价值。

那么，这个事例中具体存在哪些问题呢？答案是，在问题设定中，就已经包括了"原因"（在这个事例中为降价）。越是具有丰富经验及敏锐直觉的人，越有可能在设定问题时就已经想好了针对原因需要采取的"对策"。

这项实际业务技能本身很了不起，但客观分析的一个重要步骤，就是要有意识地回避"思考的近路"。因为在设定问题时，分析者的思考还无法超出"降价"的范围。

从刚才的事例来看，所有的工作都变成了收集与降价有关的数据，从而得到分析的结果。要避免这种情况，在定义问题时，应该尽量具体地思考"怎样才是最理想的状态"。

这样一来，就可以通过确认希望实现的理想状态，来扩展自己的视角，能避免思路立即集中到具体原因上。

我过去就曾遇到过一位"在这一行业潜心钻研30年"的部长级人物，由于他断言"这绝对是因为XX"，使我接下来费尽周章，才得以进一步探究更接近本质的问题。在这种情况下，最重要的是不要轻易放弃，要用客观数据解决问题。很多时候，都能找到以前未被觉察的问题或原因。

在刚才的事例中，对"怎样才是最理想的状态"来说，答案是"最理想的状态是洗发水 A 的年度利润保持一定水平之上"。虽然也可以采用相反的方式，从一开始就定义"问题在于 XX"，但在定义"XX"时，人们往往容易加进自己设想的原因或对策。

为了避免这种情形，建议首先从正面确认理想的状态是什么。这样可以有意识地将"本质上的问题"与"原因"暂且分开考虑。

例如，如果将问题定义为"成本过高"，那么思路就会被限定在"降低成本"的范围之内。但如果考虑"希望达到怎样的状态"，则较易形成"不要挤压利润"的想法。这样才能确定"增加收入"的最终目标，与只考虑成本相比，视角就会更加宽阔。

在此基础上定义问题，即现状尚不满足这个理想状态。在该事例中，问题是"洗发水 A 无法保持一定水平以上的年度利润"。可见问题原本就是指现状与理想状态之间的差距。因此不知道理想的状态是什么，就无法确定问题。跳过这一步展开分析，会带来巨大的风险（徒劳无功）。

当然，我们使用数据解决定量问题，就尤其需要考虑如何用数字来体现现状与理想状态之间的差距。用数字定义问题，具有以下两个优点：(1) 可以明确用哪项指标来衡量；(2) 可以定量地与其他人一起确认问题的严重程度及最终目标。

接下来，要思考为什么现在没有达到理想状态。这是（WHY型）假设之一。这样思考，就不太会认为原因"只是降价"或"只是成本"了（图1-5）。

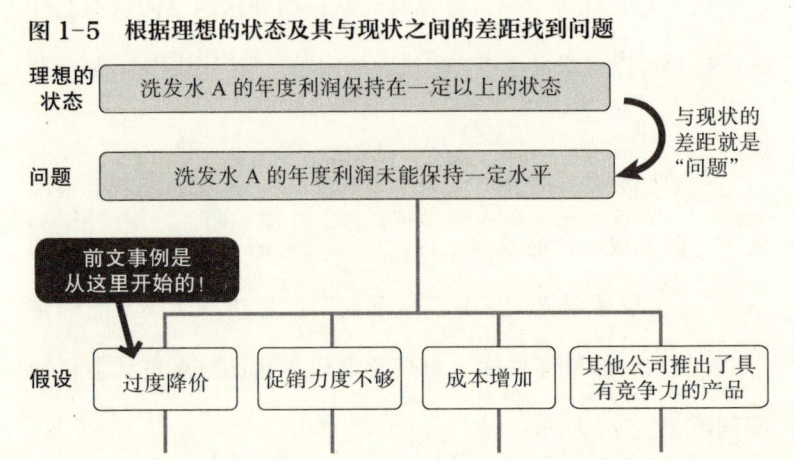

图1-5　根据理想的状态及其与现状之间的差距找到问题

理想的状态	洗发水A的年度利润保持在一定以上的状态
问题	洗发水A的年度利润未能保持一定水平

与现状的差距就是"问题"

前文事例是从这里开始的！

假设：过度降价　促销力度不够　成本增加　其他公司推出了具有竞争力的产品

作为示例，我们列举了除"降价"以外的其他原因（假设）。由于问题是更高一层、更接近本质的"利润"方面的内容，那么与利润相关的所有要素，都可以成为假设。

顺便提一下，如果不是为了解决问题，而是从最开始就有希望实现的明确目标的话，情况就完全不同了。例如在"为了将产品投放到某个市场，想用数据证明市场规模足够大"的情况下，就可以直接将其设定为目标，提出能够检验这个结论的假设。

开始以后很难再扩大视野

开始数据收集或分析之后,有时也会想"还是再看看别的数据"。不过这种场合一般只是凭着偶然的念头来扩大范围。开始分析之后,要想重新扩大视野,改变分析范围,无论在时间上还是在心理上,都具有很大难度。

因此,可以毫不夸张地说,能否在分析之初从逻辑上设定合理的范围,直接决定了之后的分析质量。研究假设的风险之一,是提出假设会缩小思考及分析的范围,可能导致即使得出一些分析结果,却都不是最佳的答案(有时还会导致无法得到想要的结果)。从这个意义而言,决定胜负的第一扇门在于假设。

图 1-6 设定更宽的检验范围(思考范围)

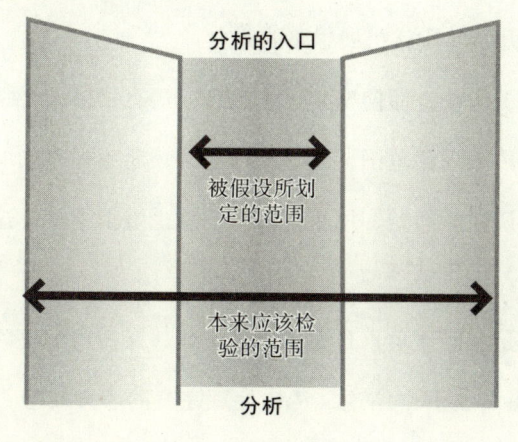

邂逅预料之外的分析结果，才能帮助我们找到更接近本质的答案。只在最初预想的范围内进行分析，得出意料之中的结果，就无法充分发挥数据分析的作用。大概很少有人意识到，在分析流程的入口处还会有这样的陷阱吧（图1-6）。

思考问题之"外"的问题

在日产工作时，对高层领导或上司布置的问题，我从不就事论事地只看问题本身，而会留意"问题之外的问题"，试着从高出自己一两个级别的水平进行思考。很多时候我向提出者进行确认后，又重新定义了问题。每次遇到这种情况，我都会感到自己的视野过于狭窄。不过这样的经历多了，就逐渐培养出在接手项目时，从开始阶段就扩展思路的能力。

现实工作中，即使明白这个道理，仍有很多人会觉得，与其自己刻意扩大问题范围，逐一梳理原因，还不如只选取自己和周围人都能认同的问题，用不疼不痒的结论敷衍了事，这样工作起来才轻松。

尤其是在既要负责日常的本职工作，又需要解决问题的情况下，"差不多就下个结论，尽快处理完"的心理就会占上风。从零出发精确分析的理想论与现实中的时间和精力相互较量，二者之间需要达到平衡。当然，这个平衡点的位置会因人而异。

我也曾经历过很多类似情况，不过后来我认识到，从平时就养成高效处理日常业务的习惯，确保留出一定时间的技能和意识也是解决问题的能力之一。大多数情况下，对比我们高出一两个级别的人来说，分析者采用了怎样的研究方法，他们只要看看结果就会一清二楚。

此外，如果一个人总是在差不多时放弃努力，那他将永远无法掌握具有更高价值的工作技能。事实上，只是如何设定问题这一项，就完全能够体现出分析者的工作态度。

看到这里，相信您已经发现了，高质量、高效率的数据分析并不只取决于"数据分析"本身的质量。也就是说，在实际动手处理数据之前，应该先缜密地思考，这一阶段的内容和质量基本上决定了后面分析的质量及整体故事的有效性。

从接受提案的一方来看，他们认同的并不是数据分析的内容和方法，而是以清晰明确的、能够说服别人的问题或逻辑前提为基础提出的建议。解决问题的目标是准确地锁定主要原因，让相关人员接受自己的建议，在获得认同的基础上"推动其采取措施"。否则，无论展示出多么高超的分析方法，也无法实现这个目标。

「解决问题的故事 1」

问题：汽车销量下滑，怎么办？
第一步：明确计划与现实之间的差距

"汽车销量下滑"，这是公司内部公认的事实。那么是不是就可以把这句话设定为问题，然后直接进入数据收集和分析阶段呢？

如果这样立即开始工作的话，恐怕会由于没有与相关人员确认"下滑"的准确含义、是否可以直接作为问题、对公司事业具有多大影响等信息，导致分析者依照自己的主观感觉来决定优先顺序和判断标准。

定量评价或判断数据分析结果时，尤其需要客观的判断标准。如果标准含糊不清，我们花费大量时间和精力得出的分析结果就有可能在最后关头被全盘推翻。

这里首先需要在定量把握问题的同时，把握大致的现状。因此我们必须对问题及其主要指标做出如下定义，并与相关人员进行确认。

"汽车销售额自一年前开始逐渐减少，与上一年度的月平均销售额相比，本年度最近一个月降低了大约15%。这意味着与本年度计划相比,全年预计将有约10%的目标无法实现。"

也就是说,首先需要确定,用"销售额"作为衡量汽车销量减少程度的指标。

接下来,为了确认这就是"问题",还需要明确现状与计划之间的差距。即从最开始就要明确没有达到计划的"现实"与"理想(计划)"之间的差距。这样一来,接下来就可以讨论要如何做、做什么、需要改进多少的问题了。

做了这些工作之后,我们才算站到了起跑线上,可以为解决问题而构建"故事"了。除此以外,我们还明确了前进的方向。这样,接下来就不会偏离目标,可以有效地进行分析了。

第 2 章

分解数据，找到"问题的关键"

明确目的或问题、大致把握现状之后，就进入提出假设、确定问题关键的阶段。那么，具体应该如何找到"问题的关键"呢？

"问题的关键"是指从诸如"东京支店""产品 B""20~30 岁女性顾客"等切入点找到的引发问题的关键部分。在这个过程中，把握数据和分解数据的视点很重要。因为要锁定"问题的关键"，需要准确把握数据所显示的信息，在此基础上对分解的结果进行比较，从而锁定关键点。

例如，面对"最近销售业绩下滑"的问题，如果不考虑"用哪些数据、看哪里、怎样看"就开始分析，就可能花费了大量时间和精力，却仍然无法获得理想的结果。

我们来看下面的例子。图 2-1 是根据手头的上个月销售数据，假设"某个区域存在问题"，用不同区域的日平均销售额做成的柱状图。如果有人根据这张随处可见的图得出结论，认为"区域 B 存在问题"，他的上司一定会提出质疑。

"这只是上月的数据。其他月份是什么情况？今后预计会变成怎样？"对此，可能很多人都会（在心里）大喊："早说啊""那要怎么办"。然后不得不再去查看过去几个月的销售额，重新进行分析（图 2-2）。

图 2-1　不同区域的日平均销售额（某个月）

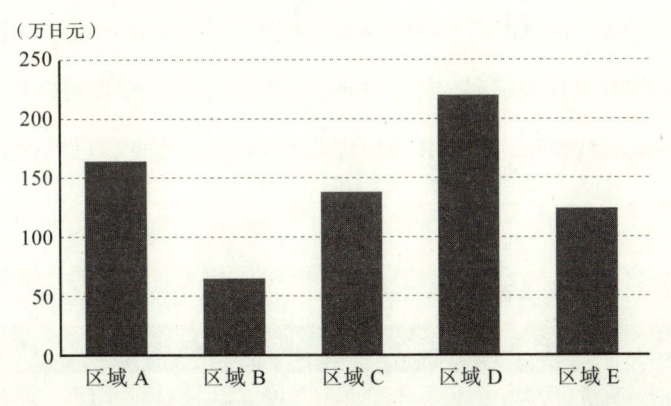

（万日元）

图 2-2　不同区域的日平均销售额（过去 5 个月）

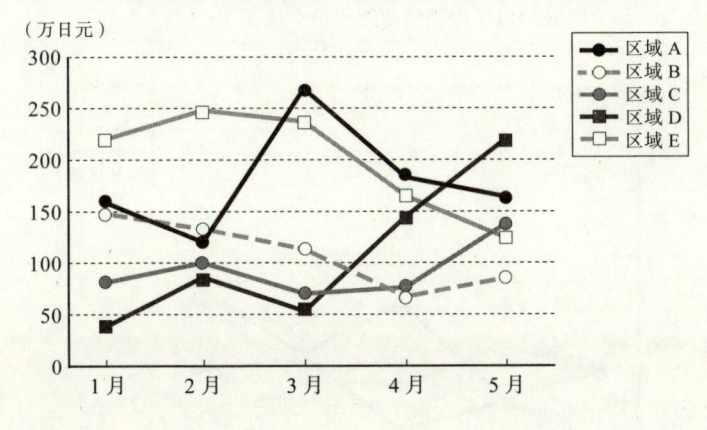

（万日元）

　　从这个折线图反映的趋势来看，似乎可以认为"区域 B 的业绩的确不好，不过区域 E 的减少趋势也需要注意"。把这个图表拿给上司,结果又被追问:"你比较的是日平均销售额,但这些区域能直接比较吗?"如果每个区域的店铺数量不同,单纯比较销售额就没有任何意义(图 2-3)。

用每个区域的销售额除以店铺数量,重新把各区域的单个店铺平均日销售业绩制成图 2-4 所示的图表。从这个图可以发现,与其他区域相比,区域 B 的销售业绩并不差。至此,已经重新分析两次了。

图 2-3 每个区域的店铺数量

	区域 A	区域 B	区域 C	区域 D	区域 E
店铺数量	20	6	10	15	25

图 2-4 每个区域的日平均销售业绩(单个店铺)

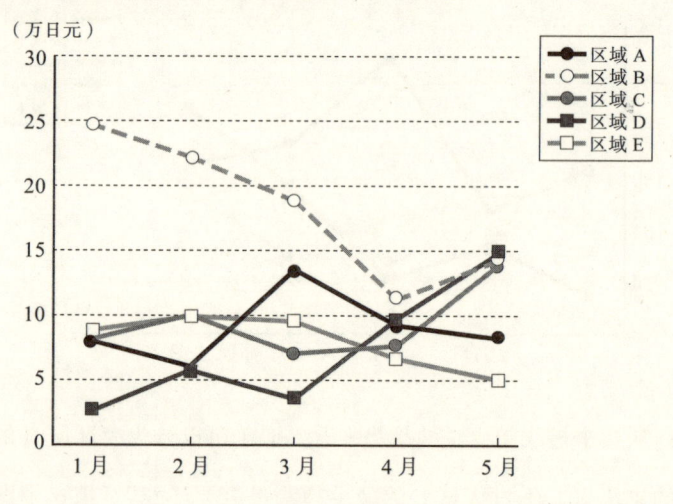

其实这些工作都只是"数据整理",并没有通过"数据分析"来寻找导致销售额减少的原因及其对策。也就是说,做到这里才算是通过分析数据锁定了应该深入挖掘的对象(问题的关键),站在了分析的起跑线上。

可能很多人都曾经有过类似的徒劳经历,为什么会发生这种情况呢?其原因在于,分析者没有确立把握数据特征的视点,就开始着手整理数据。因此,每次只对被质疑的问题继续挖掘,然后又会被从其他视点追问,如此反复。

每当上司或者其他人指出一些问题,分析者都会觉得"他们说的确实有道理"。然而事实上,如果最初就从全面的视点把握数据,这些无用功和错误都可以避免。如果不在数据分析的"地图"上规划好到达终点的路径,而是先走起来再说,就可能会走弯路,甚至无法到达目的地。

"趋势"视点和"快照"视点

前文的例子中缺乏"把握数据(捕捉数据特征)的视点"的问题,在很多情况下可以通过"趋势"和"快照"两个视点来解决。缺少其中的任何一个,论点都容易出现遗漏,导致例子中被上司质疑的情形。因此,我在做分析时也一定会确认是否涵盖了各种视点。如果判断分析中不需要某个视点，我则会确认其原因。

"趋势"视点可以捕捉一段时间内的变化，也被称作时间序列。通过数据观察变化经过，可以得知有哪些流程，以及形成目前状况的经过。关注过去的变化，预测将来的动向，可以带来飞跃性的效果提升。因为从时间的变化过程中，有可能找到问题的关键或原因所在。重点挖掘这些内容，找到所需信息的概率就会增加。

"快照"视点是截取某个期间的情况。用指标（平均值等）体现该期间的大小、比例和分布情况等，可以轻松地把握大致情况，或进行比较，从而确定该因素对问题的影响程度。例如，区域A的销售额的确出现了大幅度下降（趋势），不过如果通过"快照"发现其年销售额规模不及整体的1%，我们就会毫不犹豫地将其从深入挖掘的对象中剔除出去。

运用"趋势"和"快照"的视点把握了数据的整体情况之后，还可以运用相同的视点找到问题的关键。要做到这一点，可以根据相对定位进行评价，例如"销售额高于其他区域""不良品多于B产品"等，这是一条捷径，即通过比较发现数据与其他因素之间的相对差异。

"WHAT 型假设"

不过，对较大范围（包括多个要素）的数据，即使进行比较也很难找到差异。此时需要运用"四则运算"来分解数据，使其变得更为详细和具体。这就叫作"WHAT 型假设"（图 2-5）。

图 2-5 建立 WHAT 型假设

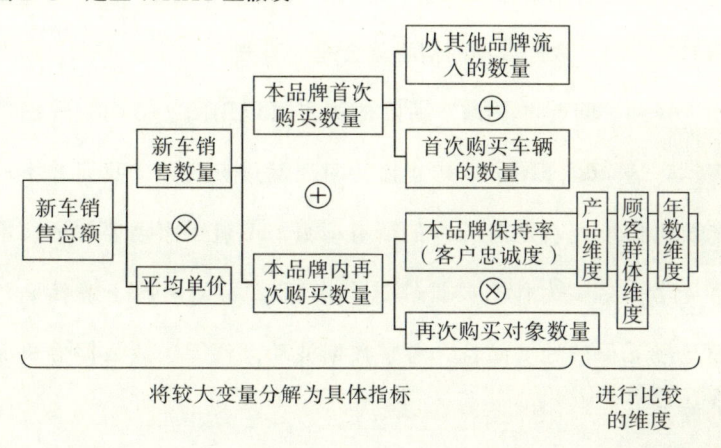

```
                          ┌─ 从其他品牌流入的数量
              ┌─本品牌首次  ⊕
              │ 购买数量   ─ 首次购买车辆的数量
   ┌─新车销  ─┤         ⊕                       ┌─产品维度
   │ 售数量   │                                   │
新车│   ⊗     └─本品牌内再  ┌─本品牌保持率        ├─顾客群体维度
销售│         次购买数量   │（客户忠诚度）        │
总额│                      ⊗                     └─年数维度
   └─平均单价              └─再次购买对象数量

   └──将较大变量分解为具体指标──┘  └进行比较的维度┘
```

在此基础上，接下来需要关于"维度"的思路。分解数据之后，会得到某个指标或者变量（例如：客户忠诚度）。我们需要考虑从何种维度对该指标进行比较，才能找到问题的关键。在依赖数据之前先进行推测，也可以说是 WHAT 型假设的一部分。

这样一来，只要熟悉业务内容，人们就会想到"区域""产品""顾客年龄"等许多维度。从中优先挑选与问题联系最紧密，最能体现差异的维度进行比较，便可以找到问题的关键。例如从产品维度对保持率进行比较，可以发现产品 X 明显高于其他产品，这就是问题的关键。那么，想要找到问题的关键，需要对哪些指标进行比较呢？

很多事例按大小或比例对销售额、揽客人数等加以比较，此时必须注意原始数据的波动。因为，尤其是用平均值代表整体数据的大小时，数据波动的信息就会完全消失。

找到"问题的关键"所需的视点可以用图 2-6 的矩阵图来表示。这个矩阵图可以防止比较时遗漏重点问题。我们并不一定要机械地查看矩阵图内的所有项目。不过大家需要知道，不事先考虑好"为什么要计算这个指标""希望由此了解什么"，而是漫无目的地"姑且"考察数据波动，就无法让数据分析有的放矢。

图 2-6　利用矩阵图整理比较的重点

	"快照"视点	"趋势"视点
大小的维度		
波动的维度		

接下来，分别对"大小或比例"和"波动"做详细介绍。

表示大小的"平均值"

应用最广、最具代表性、最便于计算的统计指标大概要算平均值吧。可能有人觉得"不就是平均值吗",不过可千万别小瞧了它。平均值虽然用起来很方便,但却有一个陷阱,让很多人都陷入其中。

为什么平均值可以广泛用于各种场合呢?我们首先从积极的方面来考虑。单纯地罗列数据的话,人们很难从中获得信息。数据越多,就越会超出人们能够处理的极限。

此时,我们可以制成图表,或者取整体的平均值。这是为了将整体归纳为图表或者平均值等"一个对象",便于人们理解和认知。尤其是平均值能够作为体现数据"大小"的代表值或标准值发挥作用。因此,平均值这个指标用途广泛、非常便利。

例如,让同一个小组对产品 A 与产品 B 进行评价。与其列出每个成员的评价结果,不如计算出能够代表整体水平的平均值。例如得知产品 A 的平均分为 55 分,产品 B 是 87 分,人们就可以把握每种产品的大致情况,将产品 A 与产品 B 进行比较也会更为简单。此外,如果不想关注销售额每天的细微变化,而是希望了解销售额每个月的大致变化,使用平均值会更方便。

因为对于想了解每月变化的人来说,每天的数据或每小时的数据只不过是过剩信息。这种情况下使用平均值，便能剔除那些过剩信息。

像这样，将大量数据归纳为一个平均值，能为实际工作带来很多方便。而且无须额外说明，谁都理解其含义，平均值可以说是一个万能的工具。

不过虽然谁都用过平均值，但面对"平均值究竟是什么"的问题，却有很多人不知如何作答。

"好用"背后的陷阱

大多数人可能会回答平均值是处于所有数据正中间的数值，或者是代表值、标准值。但很少有人会考虑"平均值真的能够'代表'数据，或者真是'标准'的数值吗？"有人认为平均值代表了数据整体的大小，那么他们的头脑中想象的一定是图 2-7 所示的情况。

图 2-7 是直方图，能够显示位于各个区间（横轴）的数据分别有多少个（纵轴），体现了数据的分布方式。在这个示例中，平均值处于所有数据的正中，与平均值相等或接近的数据最多。其他数据的个数随着对平均值的偏离而逐渐减少。这种情况下，平均值确实可以被称作代表值或标准值。

图 2-7　直方图示例

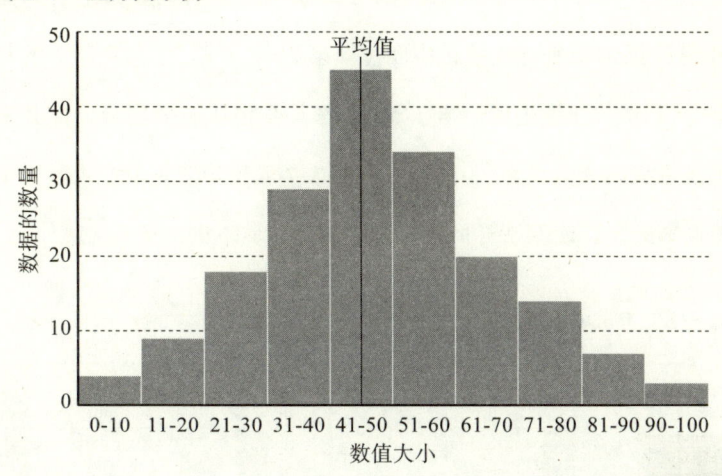

但是，如果毫不怀疑地把类似图 2-7 的情况作为前提来使用平均值，就有可能陷入意想不到的陷阱。因为未必所有数据都会呈现出同样的分布方式。

平均值不能代表总体

回忆学生时代，得知自己的考试成绩高于班级平均分时，大家是否会觉得"排在中等以上，还不错"？不过，如果您对这句话没有感到任何疑问，就需要注意了。此外，如果听到某国的平均寿命是多少岁，就认为这个国家的人都是在平均寿命前后去世，这样的人也同样需要注意。

图 2-8 是一个 40 人班级的考试成绩分布情况。其平均分为 51 分,但位于所有成绩正中间(即第 20 名与第 21 名之间)的却是 57.5 分。也就是说,得了 55 分的人虽然高于平均分,却并未排进班级的"前一半"。请注意,图 2-7 以平均值为中心,数据个数逐渐减少,而图 2-8 的数据却呈现出截然不同的分布方式。

图 2-8　考试成绩的分布

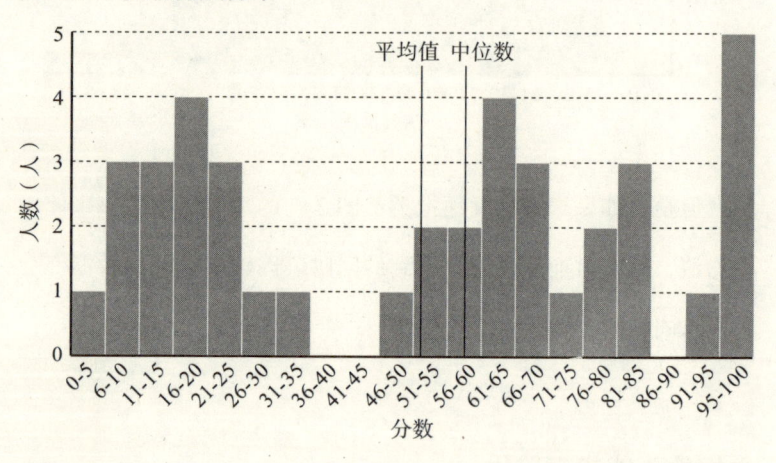

在图 2-7 的情况(往往是很多人所想象的情形)下,可以说平均值就是代表值。但在图 2-8 中,平均值周围并没有集中很多数据。因此,按照数值大小顺序,位于中间的数值(中位数)也偏离了平均值。这种情况下,就不能把平均值看作代表数据的值。

之所以产生这种现象,是因为平均值会受到离群值的影响。

而且，数据波动越大，离群值就越多。其结果就是，"平均值未必是代表值"的可能性更大。例如平均寿命也是一样，假设某个国家 5 岁以下的婴幼儿死亡率较高，那么除非有很多高于平均寿命的长寿者，否则计算出的平均寿命就会偏低。寿命集中分布在低年龄段和高年龄段两个区域，平均寿命处于其中的某个位置。这种情形下，在平均寿命前后去世的人数就相对较少。

再看一个比较极端的例子。假设对 100 个人进行问卷调查，其结果为有 50 人选择"1.极不赞同"的，而其余 50 人则全部选择"5.极为赞同"（图 2-9）。

图 2-9　对问卷调查的回答

极不赞同	不赞同	既不赞同 也不反对	赞同	极为赞同
1	2	3	4	5

这种情况下的平均值是多少呢？平均值应该是 3。然而却没有一个受访者选择了"3.既不赞同也不反对"。那么这里的平均值就没有任何意义，反而还可能会掩盖人们的意见集中在 1 和 5 的事实。平均值的便利之处在于可以不用处理全部数据，只关注由整体得出的一个数值即可，但其缺点是牺牲了原始数据。这是一个很大的陷阱。

我在日产工作时养成了一个习惯，对只用到平均值的提案抱有怀疑的态度。有些人只根据平均值便断定"数值大，很好""数值太小，不行"，这样的评价过于肤浅，其背后可能隐藏着更多信息。假如没有认识到这一点，我一定会错过很多重要的信息。

那么，有没有一种方法，可以大致判断能否将平均值视为代表值呢？根据直方图的视觉效果，可以确认到数据的分布方式和平均值的位置。但在实际工作中，不可能每次都用这个方法来确认。

了解"中位数"

这种情况下，还有一种简便方法，即"中位数"。中位数是指把所有数据按从大到小（或从小到大）的顺序进行排列时，排在最中间的数据。顾名思义，中位数就是位于中间位置的数据。有奇数个数据时，中位数是正中间的数据，有偶数个数据时，中位数则是中间两个数据的平均值。

例如，如果有 4 个数据（0、3、6、9），那么中位数就是 3 与 6 的平均值 4.5。中位数可以用 Excel 函数直接得出来，记住这个函数和平均值的函数会很方便。

- 平均值：=AVERAGE（在此处指定数据范围）
- 中位数：=MEDIAN（在此处指定数据范围）

如果以平均值为中心，所有数据都大致均等地分布在其左右两侧，那么中位数的值必然会接近平均值。相反，如果受离群值的影响，平均值在所有数据中的位置较偏，那么中位数与平均值之间就会出现较大差异（也有个别情况例外）。我们也可以在这种情况下再用直方图等查看平均值为什么会出现偏离。

图 2-10 为平均值和中位数的特征一览表。详细了解平均值和中间值的各自特征，并根据需要组合运用，可以避免落入滥用平均值的陷阱。

图 2-10　平均值与中位数的特征

	优　点	缺　点
平均值	・能够用一个数值表现整体的"大小"（不一定位于中间位置） ・易于计算及使用 ・认知度高，便于与其他人沟通	・平均之后，看不出原始数据 ・存在极大（或极小）数值时，会受其影响
中位数	・不受离群值影响，用位于中间的数据表示 ・易于理解，便于与其他人沟通	・与平均值相比，表示整体"大小"的程度不够精确（这是由于消除了离群值影响而产生的缺陷） ・无法通过计算得出（可以利用 Excel 的 MEDIAN 函数得出） ・与平均值相同，看不到原始数据

"油炸豆腐"和"天妇罗面渣",哪个更好吃

根据平均值进行比较,不仅要注意原始数据,还需要注意"数据构成"的差异。

例如,假设您是一家荞麦面馆的老板。为了了解客人喜欢的配菜是"油炸豆腐"还是"天妇罗面渣",分别向 200 位客人做了问卷调查,请他们打分(满分 100 分)。其结果如图 2-11 所示。

图 2-11 对油炸豆腐和天妇罗面渣的评价

	油炸豆腐	天妇罗面渣
回答人数	200	200
总平均分	67.0	60.8

大概很多人会认为:油炸豆腐的(总平均分)高出 6 分多,那就多进些油炸豆腐来卖吧。

不过在店里打工的学生说:"我们店里既有乌冬面,也有荞麦面,所以我对哪一种更受欢迎做了统计",并拿来了结果。如图 2-12 所示,他分别统计了乌冬面和荞麦面的平均分。

图 2-12 对乌冬面与荞麦面的评价

平均分	油炸豆腐	天妇罗面渣
乌冬面	70	80
荞麦面	40	45

令人吃惊的是，无论乌冬面还是荞麦面，都是天妇罗面渣的平均分更高。他的表格没有任何计算错误或数据选取错误，只是正常计算了平均值，但结果却与图 2-11 截然相反。如果没有这名学生提出疑问，您可能会根据最初的结论，判断是油炸豆腐更受欢迎。

这种矛盾的现象被称为"辛普森悖论"，可能很多人都不太了解。有些情况下，考察数据整体和考察不同部分，会得到相反的结论。如果您是店老板，对这种情况会做何判断呢？

平均值所掩盖的真相

上述过程中隐含着回答者构成的不同。此次问卷调查的回答者人数分布如图 2-13 所示。

图 2-13　油炸豆腐与天妇罗面渣、乌冬面与荞麦面的回答人数分布

回答者人数	油炸豆腐	天妇罗面渣
乌冬面	180	90
荞麦面	20	110
合计	200	200

也就是说，为油炸豆腐打分的大部分回答者是吃乌冬面的人，而为天妇罗面渣打分的回答者则多是吃的荞麦面。简单地

说，是回答者在"乌冬面"和"荞麦面"之间的不平衡分布影响了总平均分的结果。

从图 2-12 可知，乌冬面的分数高于荞麦面。也就是说，与荞麦面相比，乌冬面会拉高分数。选择"油炸豆腐"的人中，吃乌冬面的人数（180 人）远远多于吃荞麦面的人数（20 人），乌冬面拉高了"油炸豆腐"的平均分。看到这里，可能很多人脑子里会画上一个"？"，那么我们就再从直观上确认一下（图 2-14）。

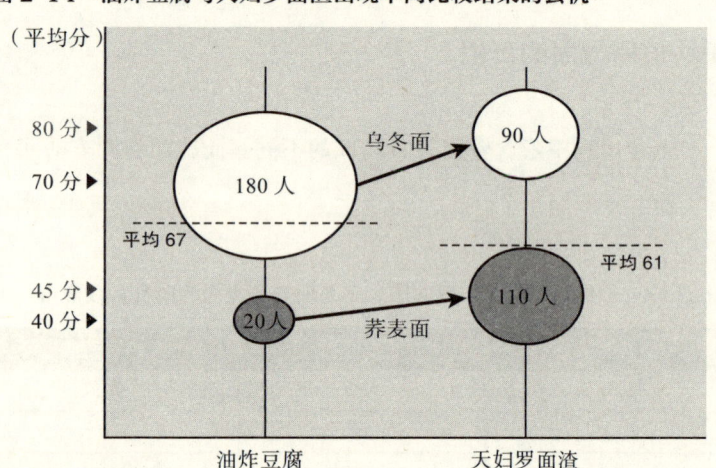

图 2-14　油炸豆腐与天妇罗面渣出现不同比较结果的玄机

- 乌冬面的分数 ＞ 荞麦面的分数
- 油炸豆腐：吃乌冬面的人数 ＞ 吃荞麦面的人数

- 天妇罗面渣：吃荞麦面的人数 ＞ 吃乌冬面的人数

这三个不等式同时成立，就产生了"油炸豆腐的平均分高于天妇罗面渣"的结果。但分别看乌冬面和荞麦面的评分结果，却都是"天妇罗面渣的平均分高于油炸豆腐"。

乌冬面和荞麦面的教训

只看整体，我们可能注意不到"数据构成要素的差异（这里是乌冬面与荞麦面的不同）"，忽略这种差异进行单纯比较，就有可能导致无法察觉该差异所造成的影响。正如这个事例所显示的，关注原始数据内部的要素，有时会看到不同的风景。

在这个事例中，通过留意乌冬面与荞麦面的要素，我也许会转为专注乌冬面与荞麦面的差异。也就是说，问题并不是油炸豆腐和天妇罗面渣的不同。

一般而言，将数据细分至何种程度才能做出适当判断，这个问题并没有标准答案。为了找出正确答案，分析者需要了解自己的数据可以分为哪些层次，目前分析处于何种状态，这一点很重要。此外，进行比较时，了解样本的选取方法也很重要。

作为平均值的特征，我们应该了解：平均值掩盖了"乌冬面与荞麦面回答人数的不同"。

事先了解到平均值虽然方便,但也具有这样的副作用,我们就可以在有意识的前提下面对平均值。

我平时看到平均值,会更为关注"眼前这个数值是哪些要素综合计算出来的"。

如果能注意到一笔笼统的账目中到底包含了什么,或许就可以像这个事例一样,对乌冬面与荞麦面的要素进行分解,从而找到其中隐藏的信息。也就是说,平均值的背后可能还蕴含着很多沉睡的宝藏。

用"波动"的视点给平均值做补充

尽管需要留意,但平均值仍然是无人不晓的便利工具。如果有人问"工作中哪些场合会用到平均值",我会回答:"想大致了解对象大小的时候"。当然,我还会补充一句,"同时也要关注平均值背后的隐秘信息"。我们可以记住以下两个重要事项。

① 平均值最适合表示整体的大小

平均值便于人们把握大体趋势,可以通过平均单价等把握和比较整体情况。

②平均值的缺点是会掩盖原始数据的部分特征

注意到这一点,可以避免遗漏更为精确的信息。

只从大小的维度处理数据,会遗漏许多信息,但实际工作中的绝大部分资料都只有平均值,完全不提及数据的波动。

请看图 2-15 的例子。如果只按平均销售额(粗框内)来看这家店铺的业绩,会得出什么结论呢?因为从 6 月到 7 月期间平均销售额没有变化,所以结论一定会是"没有什么变化"吧。也就是说,结论是无须过多担心。

图 2-15 某店铺 6 月与 7 月的销售额比较

业绩	日平均销售额(万日元)	每日销售额的波动
6 月	45	小
7 月	45	大

但是,如果我们将关注点从日平均销售额转到相关月份里每日销售额出现波动的程度,也许就会发现,6 月到 7 月出现了每日销售额波动幅度增大的情况。

在商业世界中,波动也可以说是"风险"。虽然最初得出"没有变化"的结论,但它很可能是错误的,正确的结论应该是"风险增大了"。只注意平均值的人忽略了这一点,因此无法得到正确的结论。

需要注意的是,"波动大"或"风险大"并不一定就是坏事。风险也可以反过来看作机会。有时我们也可以有意选择"高风险、高回报"的情况。

不过,对希望实现精确的库存管理、希望每日销售额尽量保持稳定的人来说,体现波动(风险)增大的指标对店铺管理具有重要意义,是极其重要的信息。对于如此重要的信息,决不能只是漫不经心地浏览一下数据,就主观地判断是"大"还是"小"。更何况仅根据最近的数据变动情况,也未必能够掌握准确的数据特征。

能够客观体现波动大小的指标叫作标准差。标准差表示以平均值为中心,数据对平均值的偏离程度。人们可以根据标准差的数值对类似每日销售额的波动程度等进行相对评价。

之所以要做相对评价,是因为只看标准差的大小,很难得出有价值的信息。只有在相同条件下(例如对同一家店铺的不同月份进行比较、对销售额规模相同的不同商品进行比较等),比较相对大小才能发挥作用。

如图 2-16 所示,对同一家店铺的不同月份进行比较,虽然平均值都是 45 万日元,但由于标准差从 10.1 万日元增至 20 万日元,所以可以定量地体现出风险的增加。为了避免类似"感觉数字的浮动幅度似乎有所增大"等含糊不清的意见,或者由于数据太多，连这种直觉都无法发现问题时，可以用标准差的指标客观地进行判断。

图 2-16　平均值相同，标准差可能不同

	6月	7月
日销售额（万日元）	48	22
	46	35
	39	47
	27	57
	35	69
	38	28
	40	73
	47	61
	36	79
	56	33
	41	78
	55	22
	42	72
	50	28
平均值	45.0	45.0
标准差	10.1	20.0

这样一来，就可以进一步研究和讨论"为什么7月份销售额波动会增大"。找到原因，才能根据需要采取措施。

不过在实际业务中，标准差会受到很多制约，不像平均值那么易于使用。这也是个令人头疼的问题。

例如，个体商店与百货商场的日销售额相距甚远，比较二者的标准差不具有任何意义。因为原始数据的大小不同。

日平均销售额 1 000 万日元的店铺波动幅度（标准差）是 30 万日元，日平均销售额 100 万日元的店铺也有 30 万日元波动，如果说二者"波动幅度相同"，恐怕谁都会觉得不对头。

此外，很多书都从统计学的角度介绍标准差，其代表性的说明如下：

"以平均值为中心，在向其左右各扩大 1 个标准差的范围内，会包含约占整体三分之二的数据（满足正态分布的条件下）"

第一次看到这句话的读者，恐怕很难立刻理解其含意吧。这句话换成更易于理解的说法，就是"在所有数据以平均值为中心呈左右对称分布、数据个数随着数值对平均值的偏离而减少的情况下，在平均值增加和减少 1 个标准差的范围内，会包含所有数据的三分之二（如果有 100 个数据，就会有约 66 个数据分布在平均值增加和减少 1 个标准差的范围内）"。即使这样说，大概还是会有很多人不明白吧。

更麻烦的是，即便理解了这段话的含义，在大多数情况下，"包含三分之二数据的范围"也很难直接应用到实际业务中。

"以平均值为中心左右对称""数据集中在平均值附近,极端数据较少。如果不符合这些(正态分布的)前提,标准差就没有太大意义。然而我们很难断定所有数据都接近正态分布。不如说在商业领域里,相反的情形更多。

标准差为什么"用不上"

因此,很多人因为"统计书上的内容"与"自己运用"之间存在明显的距离(还有很多情况下,二者之间的距离甚至大得已经感觉不到距离),而放弃使用标准差。

这就是人们常会觉得"理论上好像明白,但不会实际运用"标准差这个工具的原因。

标准差的计算公式如图 2-17 所示。为了去除正负影响,先把各个数据的值与平均值的差平方后相加,除以数据个数之后,再开方。简而言之,就是用一个数值来表示各数据与平均值距离的和。

图 2-17 标准差的计算公式

$$标准差 = \sqrt{\frac{(各数据值 - 平均值)^2 \text{ 的和}}{数据个数}}$$

用计算器计算标准差很麻烦，可以使用 Excel 函数立即得到结果（图 2-18）。此外，不同版本的 Excel 中还有很多类似的函数。

图 2-18　Excel 中的标准差函数定义

= STDEV（在此处指定数据范围）

当然，只要不是严谨的学术领域，我们在现实工作中也可以不考虑其前提条件，而只是粗略地比较数据的波动程度。但重要的是，如果我们在自己完全不了解（或者是忽略了）原本的制约条件下得出结果，那么在运用该结果时应该知道它并不是严密的。

我在日产工作时曾经制作了一个系统，用来管理遍布世界各地的 120 个国家或地区的销售代理店业绩。在数十项评价指标当中，有一些无法只靠绝对值评价好坏，也有的指标需要在所有代理店中进行相对评价。当时我采用的方法是，将平均值增减 1 个标准差的范围定义为"标准"范围，关注处于该范围之外的数据（代理店）。如果随便设定一个标准，据此来评价好坏的话，人们有可能会质疑评价本身是否合理，但如果能够说明客观标准是如何设定的，就不太会出现类似问题。

作为标准差的应用事例之一，再来介绍一下学校里常会用到的偏差值。步入社会以后，除非在教育领域工作，否则可能很少有人会用到偏差值，但这里还是做一简单介绍，来加深大家对标准差的理解（图 2-19）。

图 2-19　偏差值的计算公式

$$偏差值 = \frac{10 \times (得分 - 平均分)}{标准差} + 50$$

例如，如果有人在平均分为 50 分的考试中得了 80 分，虽然知道这个分数"高于平均分"，但却无法得知这个人在整体中的位置。80 分与平均值之间的 30 分差距是"大"还是"小"，取决于所有分数的分布情况。

如果得分超过 80 分，甚至更高的人数很多（即标准差较大），就不能说 80 分是一个相对优秀的结果。而如果大部分人的分数都在平均分 50 分前后（即标准差较小），则可以说 80 分是"非常优秀"的成绩。偏差值就是用来表示"成绩得分的相对位置"的指标。

那么，有没有什么办法可以将不太好用的标准差运用到实际工作中呢？这里介绍两种能够轻松掌握数据分布的方法。

一种方法是用柱状图来展现数据的分布情况,可从视觉上直接确认。在前文提及的直方图中,纵轴表示数据的个数(频数、频率),横轴表示数据大小的间隔(区间)。经常有人会问间隔的"最佳幅度"是多少,这个问题并没有标准答案。在实际业务中,一般由分析者根据目的或者是否便于理解来自行决定。

比较两个直方图,可以看出哪一边的数据波动更大(或更小)。使用直方图将全部数据直观体现出来,可以帮助人们把握数据分布的形状、特定范围内的数据个数等只看标准差所无法获得的信息。

与在 Excel 中直接查看数据相比,做成直方图可以更轻松地把握实际情况。直方图只是从直观上把握数据,所以不必在意计算标准差的前提以及评价标准差的方法等比较难懂的细节问题。因此,向其他人展示或者进行说明时,直方图的魅力之一就是可以作为更便于理解的信息发挥作用。

直方图也是我在日产工作时经常用到的方法之一。如果不了解对方的专业水平或关注点所在,或者要向来自不同国籍或部门的高管进行展示时,这是一种更为"保险"的方法。虽然做直方图需要使用大量数据,但其优势是任何人都能很快理解。当然,这种方法在数据的特征和结果较为明显时效果会更好。而对于很难从直观上判断的情况，使用直方图反而会招致混乱。

"变异系数"的魅力

还有一种方法是变异系数。使用标准差对波动程度进行相对比较时，必须满足被比较的两个数据大小相当或相同（例如同一家店铺不同月份之间的比较、相同销售额规模的两家店铺之间的比较等）的前提条件。因为一般情况下，如果原始数据值较大，其波动（标准差）也会相对比较大。不消除"数据大小"的差异，就无法进行适当的比较。

说到数据的大小，请各位回忆一下平均值的相关内容。如果能用标准差除以全部数据的平均值，消除数据大小的差异，就可以不必在意原始数据的大小，从数值上用标准差来比较两者的波动程度。标准差除以平均值得到的值叫作变异系数。

顺便提一下，我们无法单独评价变异系数，这个指标只能用来比较不同数据的波动程度。例如，图2-20为大规模店铺与小规模店铺的日销售额。只看标准差的话，大规模店铺的波动更大，为50。

然而考虑到二者之间原本存在销售额的差异，不能这样做单纯比较。计算变异系数，则可以消除销售额规模的差异，从而得知小规模店铺的数据波动更大。也就是说，小规模店的经营风险相对更大。

图 2-20　大规模店铺与小规模店铺的比较

	大规模店铺	小规模店铺
平均销售额（万日元）	1500	175
标准差	50	25
变异系数	0.03	0.14

变异系数的魅力在于计算简单，而且与其他统计指标一样，可以只用这一个指标进行客观比较。有些情况下，它还可以弥补直方图的如下缺陷。

例如，记录 A、B、C 三个区域的快递送达天数，制成直方图（图 2-21）。

如果根据这些直方图来讨论哪个区域送达天数的波动更大（注意讨论的不是送达天数），人们的意见可能会出现分歧。事实上，由于区域 C 的数据向左右扩展的范围看似更大，所以很多人会认为该区域的波动较大。我在培训中展示这个直方图时，大家会根据表面现象做出不同的主观判断。这样就无法对讨论的前提形成一致。

图 2-21 三个区域送达天数的不同

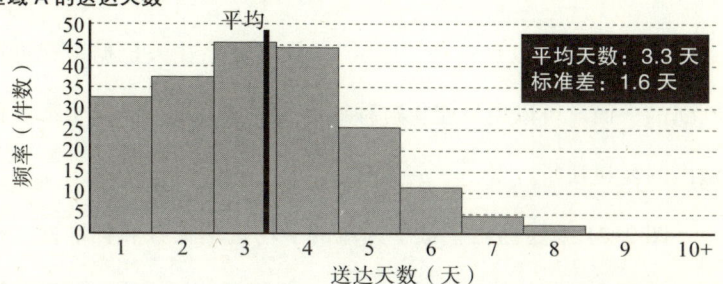

区域 A 的送达天数

平均天数：3.3 天
标准差：1.6 天

区域 B 的送达天数

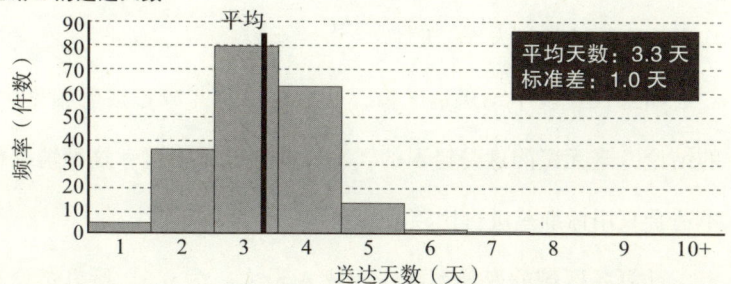

平均天数：3.3 天
标准差：1.0 天

区域 C 的送达天数

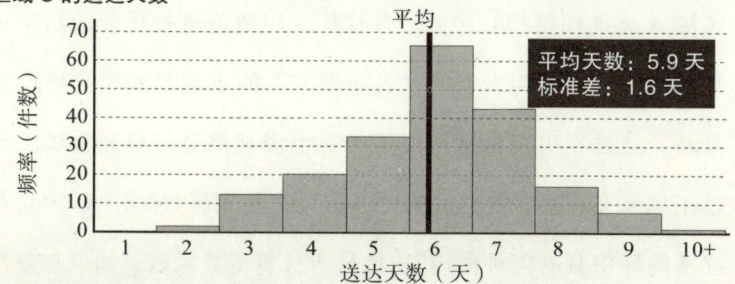

平均天数：5.9 天
标准差：1.6 天

	区域 A	区域 B	区域 C
平均值	3.3	3.3	5.9
标准差	1.6	1.0	1.6
变异系数	0.5	0.3	0.3

视觉也是"感觉"

所谓视觉，也是一种"感觉"，具有容易让人根据主观进行判断的一面。可以说最能在这种场合发挥威力的，正是根据数据做出的客观判断。

图 2-21 中还标出了每个区域的平均送达天数和标准差。在这个事例中，可能是因为只有区域 C 的覆盖范围较广，所以其平均送达天数较长，为 5.9 天。

如果仅比较平均送达天数，就会得出"区域 C 波动幅度大"的结论，毫无疑问这是错误的。不过前面已经说过，这种情况也不适合只用标准差进行比较。

计算各区域的变异系数，区域 A 最大，为 0.5，所以结论是区域 A 波动幅度相对最大。像这样，用数值进行比较的结果一目了然，不会因为人们对"表面现象"的主观判断差异而产生分歧。这是在组织中进行决策的一个极其重要的研究方法。不过正如前文所述，我们需要先考虑"由此能够获知什么""它在这项问题中具有何种作用"，然后再计算变异系数。如果只是在形式上计算出变异系数，对其含义却并不理解的话，就是本末倒置了。

从易于理解和便于接受这一点来看，直方图非常好用，但其问题是在 Excel 中无法用一个操作直接制作（市面上销售的一些统计软件具有这个功能）。因此需要我们根据实际数据，设定适当的区间间隔，计算各范围内的数据个数，在此基础上才能做成图表，所以略为费事。

图 2-22　原始数据与数据区间（分组）

	A	B	C
1	原始数据	数据区间（分组）	
2	81	10	~10
3	49	20	11~20
4	63	30	21~30
5	68	40	31~40
6	59	50	41~50
7	32	60	51~60
8	47	70	61~70
9	42	80	71~80
10	74	90	81~90
11	62	100	91~100
12	49		
13	32		
14	50		
15	92		
16	72		
17	26		
18	16		
19	70		
20	55		

在此简单介绍一下用 Excel 制作直方图的方法。对于平时不常使用 Excel 的人来说，首先需要启动 Excel "加载项"菜单中的"数据分析"。

假设 A 列为原始数据（图 2-22）。在另外一列（此处为 B 列）输入数据间隔。这里按照 10、20、30……100，以 10 为间隔来输入。它表示直方图中区间幅度的最大值。为了便于理解，也为了以后用作直方图的横轴，在 C 列手动输入每个区间的具体范围。

然后在加载项中启动"数据分析"，选择"直方图"。在"输入区域"指定数据范围，在"接受区域"指定自己设置并输入数据间距的范围。然后选择便于自己查看的区域输出结果。按下"确定"键之后，就会如图 2-23 所示，在 E 列和 F 列显示出各数据区间及其对应的数据个数（频率分布表）。

图 2-23　每个数据区间的数据数量（频率）

D	E	F
	数据区间	频率
	10	0
	20	1
	30	1
	40	2
	50	5
	60	2
	70	4
	80	2
	90	1
	100	1
	其他	0

接下来，将上述"频率"做成柱状图。直方图中的柱体一般相互连在一起，没有柱状图中的间隔，需要自己调整。对任意一个柱体点击右键，打开"设置数据系列格式"，将"分类间距"改为"0"。这样，就完成了一幅如图 2-24 所示的直方图（Excel2013"加载项"的"直方图"中包含制作图表功能）。

图 2-24　完成后的直方图

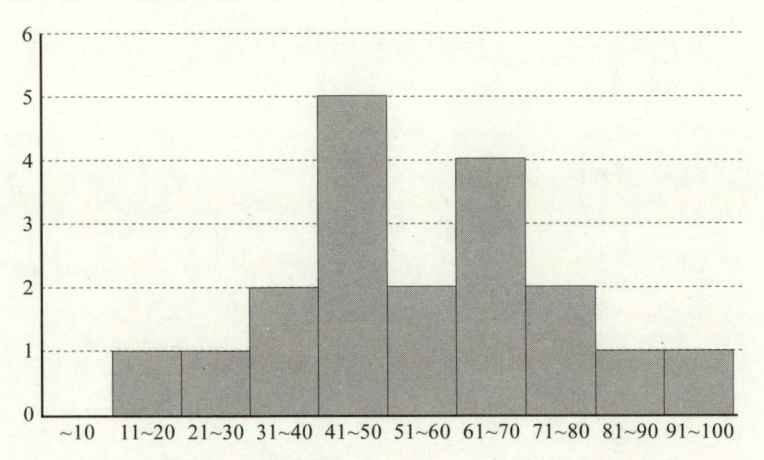

「解决问题的故事2」

第二步:"分解"数据,锁定问题的关键

对问题做出恰当的定义,并大致把握现状之后,接下来需要找到"问题的关键"。通过找出问题的关键,可以实现确定分析范围的目的。如果数据中包含所有信息,就会像一笔糊涂账,一直钻研也无法取得任何进展。因此,分解数据就显得极为重要。

图A 分解新车销售总额

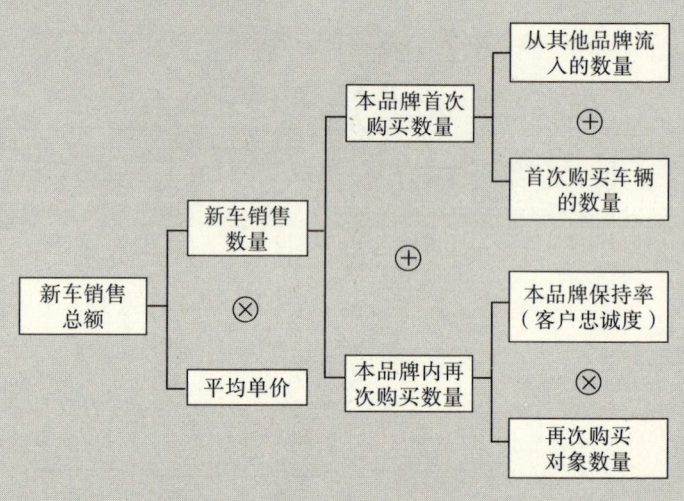

```
                                              ┌─ 从其他品牌流入的数量
                           ┌─ 本品牌首次购买数量 ─┤ ⊕
           ┌─ 新车销售数量 ─┤                    └─ 首次购买车辆的数量
新车销售总额 ┤              ⊗              ⊕
           │              ⊕                    ┌─ 本品牌保持率(客户忠诚度)
           └─ 平均单价     └─ 本品牌内再次购买数量 ┤ ⊗
                                              └─ 再次购买对象数量
```

如图A所示,"新车销售总额"可以通过四则运算,

用"WHAT型假设"进行分解。左端的"新车销售总额"是代表最根本问题的指标，可以分解为"新车销售数量"与"平均单价"的乘法。

分解"销售总额"的构成要素，可以使分析者看到更为具体的内容。从新车销售数量和平均单价两个方面，可以比只看销售额挖掘得更为深入。当然，在这种假设的基础上进行分析，也还是有可能无法找到任何值得参考的信息。通过数据分析可以对此加以判别。

很多情况下，如果进展不够顺利，就得反复试错，回到假设阶段寻找其他突破口。我们需要放弃尝试一次便获得成功的完美主义。

仅根据新车销售数量的变化，还远远无法找出"问题的关键"。因此，还需要将新车销售数量分解为"本品牌首次购买数量"与"本品牌内再次购买数量"的加法。也就是说，将首次购买本品牌汽车的用户与再次购买本品牌汽车的用户加以区分。

此时可以假设这两种用户之间存在不同的购买动机。很多情况下，人们根据常识就可以建立类似假设，了解相关业务的人，做出错误假设的可能性也不会太大。

如果认为进一步分解能体现出数据特征的差异，可以继续分解（虽然比较麻烦），从而提高分析的准确度。在这个例子中，我们尝试进行了更深入的挖掘。

图 B　根据图 A 进行数据整理的结果

	新车销售总额（万日元）	新车销售数量（辆）	平均单价（万日元）	本品牌首次购买数量（辆）	本品牌内再次购买数量（辆）	再次购买对象数量（辆）	客户忠诚度（%）
1月	36 605	189	194	89	100	124	80.4
2月	36 912	181	204	95	86	121	71.0
3月	36 437	181	201	91	90	130	69.4
4月	36 667	189	194	84	105	134	78.4
5月	36 317	176	206	87	89	135	66.1
6月	36 553	187	195	87	100	123	81.7
7月	36 794	198	186	82	116	139	83.3
8月	35 883	178	202	85	93	134	69.1
9月	35 846	182	197	95	87	124	70.1
10月	36 052	189	191	86	103	125	82.2
11月	35 754	172	208	89	83	132	62.8
12月	35 029	168	209	82	86	132	64.9
1月	35 480	174	204	91	83	124	66.9
2月	34 854	168	208	94	74	120	61.3
3月	34 725	181	192	93	88	128	68.6
4月	33 180	172	193	83	89	130	68.4
5月	33 592	170	198	90	80	123	64.8
6月	32 538	162	201	93	69	128	53.8
7月	32 545	156	208	88	68	124	55.2
8月	32 462	165	197	84	81	120	67.3
9月	32 172	161	200	92	69	125	55.1
10月	31 855	164	194	93	71	130	54.8
11月	31 656	154	205	87	67	128	52.7
12月	30 940	153	202	82	71	120	59.3

我们将"本品牌首次购买数量"，即首次购买本品牌产品的顾客分为"从其品牌流入"的用户和首次购车（非再

次购买）的用户。

接下来，我们将"曾经买过本品牌产品、现在需要再次购买的用户"分解为再次购买时仍然选择了本品牌产品的用户和转为购买其他品牌产品的用户。我们将重新购买新车的本品牌用户中，再次选择了本品牌产品的人（回头客）的比例作为"客户忠诚度"。

图 B 对这些内容做了数据整理。利用 WHAT 型假设进行数据分解，在结构上具有一个优点，即能够明确分解后的数据（例如"客户忠诚度""从其他品牌流入的数量"等）与上一级变量（"新车销售数量"）以及最上层问题（"新车销售总额"）之间的关系。

掌握了分解之后的各个项目的大致情况（倾向），我们便可以找到更值得关注的关键。

从图 C 可以发现，新车销售总额在这 2 年期间减少了大约 15%。这是所有问题的根源。根据图 D 可知，平均单价在 2 年期间比较稳定，基本在平均值（200 万日元）上下 5%（190 万~210 万日元）的范围内。至少在过去的一年里，没有出现过价格明显下降的情况。另一方面，从图 E 可以看出，"新车销售数量"与销售总额一样，也减少了近 15%。由此可知，我们应该优先关注新车销售数量的数据。接下来，我们可以进一步观察图 F 所示的销售数量的明细。

图 C 新车销售总额的变化
（万日元）

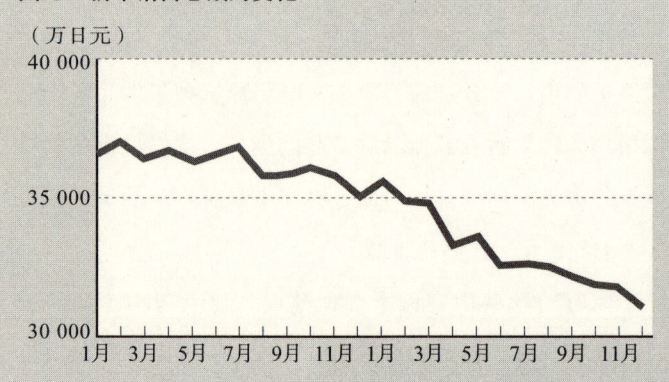

图 D 平均单价的变化
（万日元）

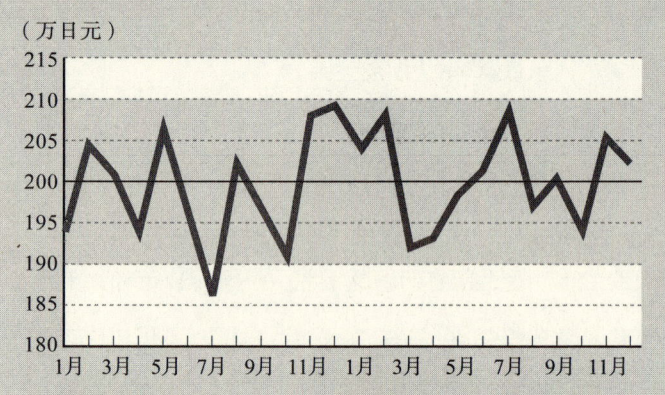

虽然两者在数量上没有太大差异，但本品牌首次购买数量基本维持稳定，而再次购买数量却在过去一年出现了减少。因此，从 WHAT 型假设的构成也可以确定，"本品牌内再次购买数量"应该是"新车销售总额"减少的主要

图 E　新车销售数量的变化
（辆）

图 F　新车销售数量明细的变化
（辆）

本品牌内再次购买数量

本品牌首次购买数量

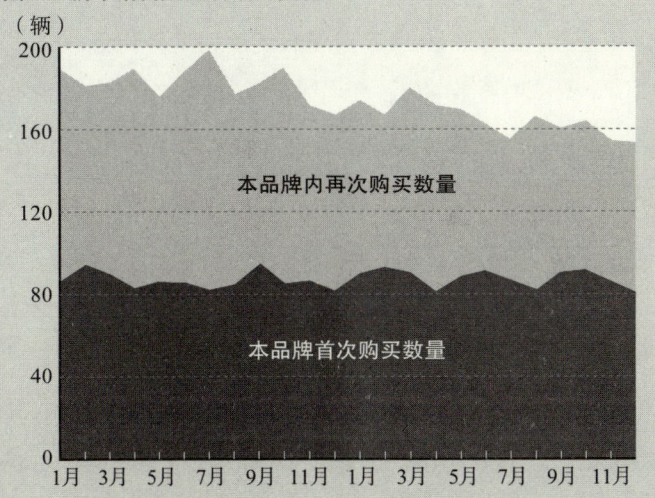

原因之一。不分析到这一步，即使发现"新车销售额（数量）减少"，也仍旧无法回答"是否存在其他问题""如何

断定这就是主要问题"等质疑或追问。这样的话就难以保证分析的可靠性。

要注意的是,不能根据"本品牌内再次购买数量"本身来判断"数量增加就好"或者"数量减少所以不好"。我们应该意识到,根据单纯的数量"增加或者减少""多或者少"只能看到表面的结果,而很难对现状做出恰当的评价。

因为只有将"本品牌内再次购买数量"与当月再次购买车辆的总人数(辆数)进行比较,才有可能对现状做出评价。为此,需要进一步分解,掌握在所有需要再次购买的数量当中,有百分之几的人实际再次购买了本品牌产品。

在看到某个数字时,我们要关注的是,"这个数字能否真正评价我们想知道的问题""这个数字是在哪个范围产生的""在与其他数据进行比较时,是否需要统一标准(这个例子中的标准是每月再次购买车辆的人数)"等问题。

将"再次购买数量"分为"本公司品牌"和"其他公司品牌",并不只是因为可以从理论上这样做。之所以这样分解,是因为如果能确定这其中存在问题,就可以采取具体的措施。了解再次购买汽车时转为购买其他公司产品的人与再次购买本公司产品的人的不同,才能采取对策。衡量这一情况的不是具体数量,而是客户忠诚度(%)。

只有将业务经验、常识及其他人的意见都动员起来,才能获得创意和思路。因为数据自己是不会讲话的。

反之，如果一个数据分析没有经历过类似的思考过程，就可以说它没有目的和终点。实际上，到处都可以看到这种"机械性"的数据分析。

观察客户忠诚度的变化（趋势），可以发现导致"本品牌内再次购买数量"减少的，不是整体再次购买数量的减少，而是客户忠诚度的下降。也就是说，分流至其他品牌的人数的比例增加了（图G）。

图G 客户忠诚度的变化

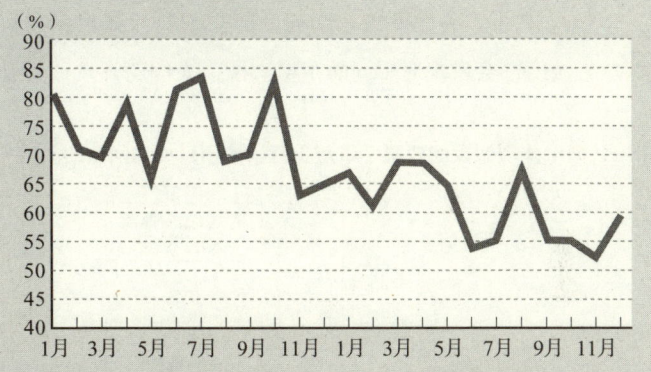

对于"本品牌首次购买数量"，本来也需要用相同的方法把握整体情况。但因为无法通过一本书覆盖所有的内容，所以本书仅针对现状中已经发现的"客户忠诚度"的问题，即如何让用户再次购买车辆时仍然选择本品牌产品这一问题做进一步的深入挖掘。

比较的维度

虽然发现了客户忠诚度的问题,也还无法就此锁定问题的关键。同样是客户忠诚度,在按照某个维度比较时,还有可能会包含与问题有关的要素和无关的要素。用户群体(年龄、职业、性别等)、年数、车型(产品)等,从哪个维度来比较客户忠诚度,才能锁定问题的关键呢?决定维度之前的所有工作,都是建立 WHAT 型假设的一部分。作为这个例子的可靠假设,可以展开以下讨论。

按照不同的客户群体,例如不同年龄层的客户来分析客户忠诚度,会发现对不同的车型来说,人们的评价或喜爱

图 H 突出体现假设的要素(带灰色背景的项目成为问题的关键)

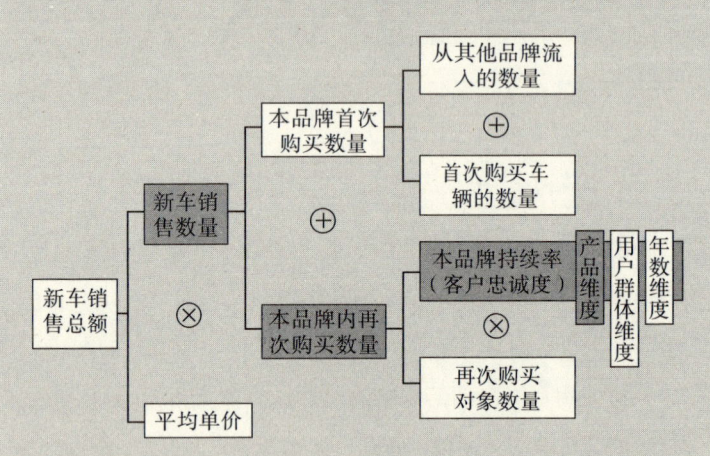

程度并不一定与年龄有关。也就是说,不同的车型更能体现出人们对其评价或喜爱程度的不同(图H)。

根据这一假设,可以从"产品(车型)"的维度来比较不同产品的客户忠诚度。首先,我们来整理一下应该怎样比较(图I)。

图I 从产品维度进行比较

	"快照"的视点	"趋势"的视点
大小或比例的维度	(1)对一定时期内的新车销售数量和客户忠诚度的平均值进行比较	(2)对客户忠诚度的变化进行比较
波动的维度	(3)对一定时期内客户忠诚度的波动进行比较	(非此次检验对象)

(1)对新车销售数量和客户忠诚度在一定时期内的平均值进行比较

对销售总额这个最根本的问题来说,是否存在对其影响较大的车型和并无太大影响的车型呢?虽然深入挖掘是好事,但如果挖掘的对象对问题整体的影响微不足道,这个工作就不会产生任何意义。根据对问题影响的大小来决定优先顺序和关注程度,也决定了根据分析结果采取的措施能够对解决问题产生多大贡献。

对销售数量的构成比例进行比较,可以发现只有车型A的比例明显小于其他车型(图J)。那么如果将问题锁定为车型 A，即使采取了有效的对策，对解决整体问题的影响仍然是有限的。因此可以暂且降低车型 A 的优先顺序。

此外，按照不同车型，对客户忠诚度在 2 年期间的平均值进行比较，只有车型 A 的客户忠诚度显著偏低，其他车型之间没有太大差别（图 K）。也就是说，从"快照"的视点无法发现车型 B 到车型 D 之间的差异。读者们肯定也会感到"怎么会这样？"

图 J　不同车型在新车销售数量中的比例

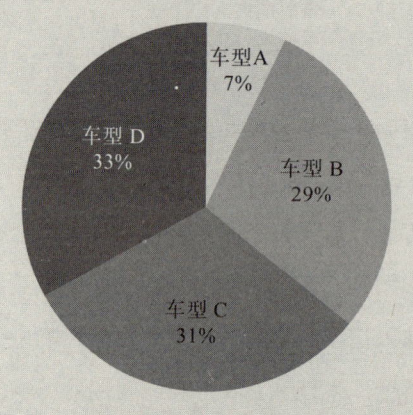

车型 A 7%
车型 B 29%
车型 C 31%
车型 D 33%

图 K　不同车型的平均客户忠诚度

车型 A	车型 B	车型 C	车型 D
48.9%	72.3%	70.2%	71.3%

（2）对客户忠诚度的变化进行比较

接下来，利用折线图对过去 2 年期间不同车型的客户忠诚度进行比较。根据前面确认的结果，暂且将车型 A 从比较对象中剔除，对其余 3 个车型进行比较（图 L）。

图 L 不同车型的客户忠诚度的变化

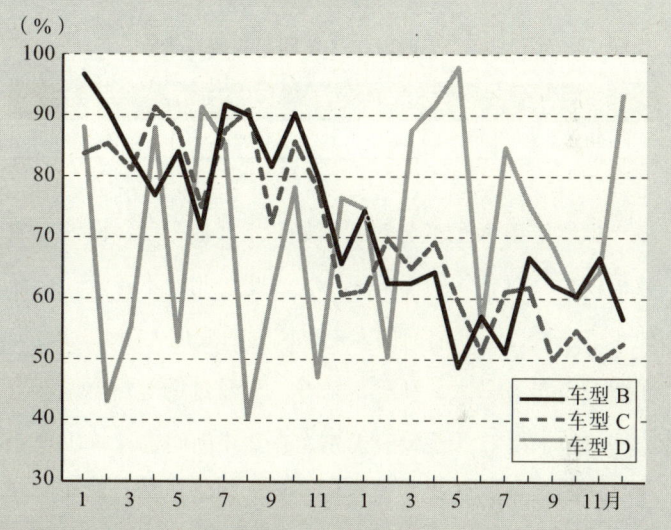

这时可以发现，车型 B 和车型 C 的客户忠诚度均自一年前开始逐渐降低。也就是说，转为购买其他公司产品的比例提高了。具体数字是 2 年期间从约 80%~90% 减至 50%~60%，降低了 30~40 个百分点。可见，拥有本品牌产品但需要再次购买车辆的人中，这 2 年期间有近 30% 被其他公司夺走。

（3）对一定时期内客户忠诚度的波动进行比较

接下来对 2 年期间客户忠诚度的变异系数进行比较（图 M）。

图 M　不同车型客户忠诚度在 2 年期间的变异系数

车型 A	车型 B	车型 C	车型 D
46.0%	19.3%	20.0%	24.9%

虽然车型 A 的变异系数明显高于其他车型，但该车型数量较少，对整体的影响很小，因此在此就不涉及。从其他车型来看，正如前面的客户忠诚度的变化（图 L）所示，车型 D 的波动较大。从平均来看，车型 D 的客户忠诚度与车型 B、车型 C 几乎没有差别，在 2 年期间也并未出现恶化，所以很难将其认定为直接影响问题的关键。但从波动程度来看，车型 D 极有可能含有其他问题或风险，需要引起注意。

当数据的数量更多或者期间更长时，从趋势的视点来观察波动的变化也会发挥一定作用，但因为这里只有 2 年期间的数据，所以对这一点就忍痛割爱，不做详细论述了。

前文的这些结果可以归纳为如下内容（图N）。

图N 对问题的关键的汇总

	"快照"的视点	"趋势"的视点
大小/比例的角度	• 车型B与车型C、车型D的平均客户忠诚度没有太大差异 • 只有车型A的销售数量比例较小	车型B与车型C的客户忠诚度自一年前起出现下降
波动的角度	车型D的波动较大	（非此次检验对象）

接下来，作为问题的关键进一步深入挖掘的对象，可以锁定为车型B与车型C。一个重要的事实是，车型B与车型C的结果并不是通过偶然的调查碰巧得出的。我们从逻辑上探索最根本原因的同时，通过全方位的检验，将2个车型锁定为问题的关键。面对"为什么最后锁定这2个车型"的质疑，能够提供确凿的"根据（论据）"，这一点可以确保整个问题解决过程具有可靠性和逻辑性。

分析到这一步，接下来要针对"为什么车型B和车型C的客户忠诚度会出现下降"，进行原因分析。

第 3 章

采用交叉视点,锁定"原因"

前面介绍了如何用平均值和标准差等指标来"计算每月平均销售额""比较每家店铺来店人数的波动"等。此外还介绍了如何在此基础上从某个维度对大小、比例或波动等进行比较，划定对象数据的范围，锁定问题的关键。

那么，从这些指标可以获得哪些信息呢？不过是现有数据范围内的结果或者现状。进一步分解销售额的构成要素，对每种商品、每个店铺、不同月份等进行深入研究（分解），能够更进一步锁定具体的问题的关键。不过其结果仍然不过是"更为细致的现状"。

在实际工作中，我遇到的很多情况是：虽然通过数据分析细致入微地了解了现状，但到锁定原因的阶段，却又用突兀的主观见解来代替客观事实。"这一步也能展现出客观根据就完美了"，像这种令人深感惋惜的例子屡见不鲜。

通过在日产工作的经历，我切身感受到，接下来的这一步能否用数据说话，会导致后面的工作方法截然不同。因为人们对其认可程度完全不同。尤其是如果在某个关键点突然变成定性的主观逻辑，原本连贯的"故事"就会戛然而止，整个分析也会变得苍白无力。

在解决实际问题的过程中，正确了解现状作为第一步确实非常重要，但绝大多数情况下，这一步的最终目的应该是锁定导致该结果的原因，为解决问题而采取必要的措施（行动）。然而很多运用数据的过程，其实都没有超出了解现状这一步。那么为什么无法从了解现状的阶段继续走下去呢？

这是因为人们的思维被限制在销售额、来店人数等单个维度的范围之内。不摆脱限制，就无法跨出了解现状的范围。假设使用平均值、标准差来把握"XX商品的销售可能存在问题"的现状，或者将其锁定为问题的关键，那么接下来就应该考虑"为什么XX商品的销售额会下降"。

再接下来，除了销售额以外，还必须关注有可能影响销售额的种种原因（驱动因素）。例如可能包括产品、客户服务、宣传促销、价格政策等。知道了这些因素中有哪些影响销售额、哪些并无影响，说不定就能够锁定原因。

表示二者关系的"相关系数"

像这样，关注2种以上数据之间的关联程度，就可能获得仅从一种数据中绝对无法得到的信息。换句话说，就是将视野从一维的数据，扩大为关注 2 个维度，有意识地转换思路和视点。

为了把握 2 种数据之间的关联，首先需要确认它们是否密切相关。

"相关系数"可以表示相关程度，计算相关系数的方法叫作"相关分析"。相关系数的值介于 −1 和 +1 之间（图 3-1）。

图 3-1　相关系数

```
 -1      -0.7              0              +0.7      +1
┌────────┬─────────────────────────────────┬────────┐
│ 高度   │                                 │ 高度   │
│ 负相关 │                                 │ 正相关 │
└────────┴─────────────────────────────────┴────────┘
                         不相关
         ←──────────────        ──────────────→
             负相关                   正相关
```

相关系数越接近 1，正相关的程度越高。也就是说，一方数据增加，另一方数据也会随之增加。二者完全成比例（如果一方增至 2 倍，另一方也随之变为 2 倍）时的相关系数最大，是 1。相关系数为 0，表示两个数据没有任何关联，互相独立。实际业务中使用的第一手数据，一般都不是 0 或者 1 所表示的完全不相关或者完全成比例相关，而是介于二者之间。

Excel 的小妙招

那么，相关系数是什么数值时，可以判断为"相关"呢？判断相关系数的大小并无一定之规，一般 0.7 以上可以视为"高度（正）相关"。0.7 并不是一个严格的标准，现实中根据不同的分析目的和所需准确度，有时 0.5 以上即可视为相关。

同样，当相关系数为负数时，两种数据则为"负相关"。负相关只是数据的变化方向不同，原理与正相关一样。也就是说，如果一方数据增加，另一方数据则会随之减少。

以下为相关分析的具体事例。例如，在根据预计来店人数来决定营销费用的情况下，来店人数与营销费用之间正相关的程度越高，营销费用的效果越好。投入的营销费用越多，来店人数就增加越多。但如果二者之间没有足够的正相关关系，营销费用就很有可能白白浪费。图 3-2 为运用 Excel 函数计算相关系数的例子。

使用 CORREL 函数可以计算相关系数。在"=CORREL"后面的括号中指定两种数据的范围，并用逗号隔开，即可立即得出相关系数。在图 3-2 的例子中，相关系数为 0.84，可知二者高度相关。

图 3-2　来店人数与营销费用的变化

	A	B	C
1		来店人数（人）	营销费用（万日元）
2	2013 年 4 月	2 198	269
3	2013 年 5 月	1 035	118
4	2013 年 6 月	2 230	241
5	2013 年 7 月	1 614	148
6	2013 年 8 月	2 028	220
7	2013 年 9 月	2 606	379
8	2013 年 10 月	2 332	376
9	2013 年 11 月	2 550	396
10	2013 年 12 月	1 735	151
11	2014 年 1 月	2 589	251
12	2014 年 2 月	1 634	174
13	2014 年 3 月	1 425	111
14	2014 年 4 月	2 184	200
15	2014 年 5 月	2 669	374
16	2014 年 6 月	1 468	214
17	2014 年 7 月	2 767	282
18	2014 年 8 月	2 920	351
19	2014 年 9 月	2 458	257
20	2014 年 10 月	1 312	188
21	2014 年 11 月	1 413	212
22	2014 年 12 月	1 186	123
	相关系数	0.84	=CORREL(B2:B22,C2:C22)

　　作为参考，我们再看运用这些数据制成的散点图（图 3-3）。纵轴为来店人数，横轴为营销费用。由于具有 0.84 的高度相关，纵轴会横轴的增加而增加，从直观上也可以确认到向右上方上

升的趋势。

图 3-3　营销费用与来店人数相关

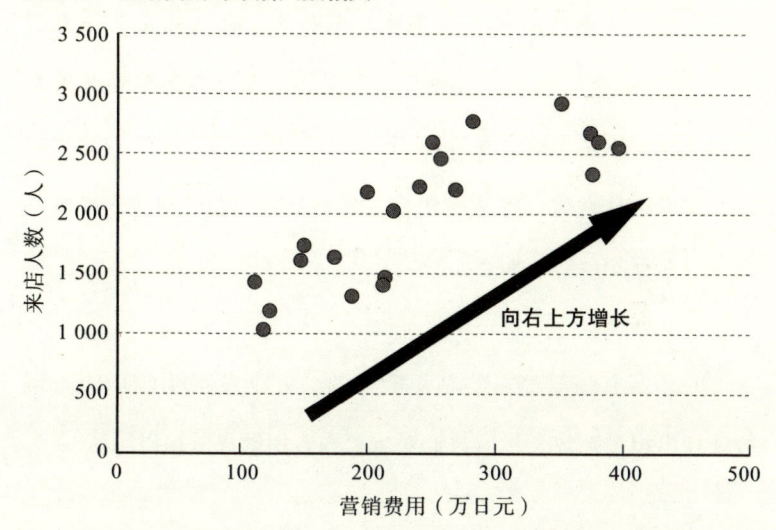

（图中标注："向右上方增长"，横轴：营销费用（万日元），纵轴：来店人数（人））

如果两个数据不相关，散点图就会呈现出不规则分布。因此除了相关系数之外，用散点图从直观上展现两种数据之间的关系，有时也可以发挥重要的作用。尤其对下面 3 种情形来说，散点图会很有用。

① 能够发现明显的离群值（出于某种原因，明显偏离其他数据的数据）。离群值可能会产生影响，导致整体的相关系数变低。如果能够合理去除离群值，那么其他数据的相关

系数可能会有不同。

② 相关系数能够体现两种数据之间的比例关系（线性关系），但并非所有数据之间都是比例关系，也可能是其他类型（曲线等）关系。这些其他类型的关系可以不依赖相关系数，从散点图中看到。

③ 借助散点图，对相关分析、相关系数一无所知的人也可以理解分析的结果。

并非所有情况都需要制作散点图。可以先通过 CORREL 函数计算出相关系数，然后再针对重要内容用散点图加以确认。

锁定原因也需要"假设"

第 1 章中曾经提过，着手处理数据之前，应该首先确认目的或问题，在此基础上提出假设，这一点非常重要。在分析问题原因时，假设也同样有效。与原因有关的假设叫作 WHY 型假设。

例如，在刚才的例子中，目的或者问题是"增加来店人数"。为此首先需要找出影响来店人数这个被解释变量的原因。一般来说，在自己所从事的行业或业务中，找出可能影响最终结果的原因并非难事。

但需要提防一些陷阱,防止受前例束缚的主观臆断,或者将视野限定在平时常见的数据范围之内。

克服常识的限制,不因为"这是平时一直关注的数据""前辈、上司都这么说"而放弃思考,而是客观地进行探索,这也是从事数据分析的条件之一。此外,还有2点需要注意。

(1)寻找接近结果的原因

例如,针对提高销售额的目的,将"营销费用"作为原因的话,销售额和营销费用需要通过"来店人数"才能具有关联。三者之间是"销售额—来店人数—营销费用"的链条结构。

但实际上不只有来店人数会影响到销售额,而营销费用与销售额的直接关联就更为薄弱。所以这两个数据之间的相关关系就不太容易把握准确。因此,最好先分析类似来店人数与营销费用等关系更为紧密的数据之间的关联,在关联更密切的数据之间考察相关关系。

(2)选择能够采取对策的原因

即使可以从理论上找到很多原因,并断定其与要实现的指标具有高度相关,但如果都是自己无法控制的外界原因,那么这个分析结果就派不上用场。如果分析的目的就是研究倒也无妨，但如果是为了在实际工作中实现目标或者解决问题而做数据分析，这样就会毫无意义。建立假设时就要设想"假设得到验证，就能采取哪些对策"，这也是考验数据分析者能力的一个方面。

相关系数的四大优势

如果你过去只会从平均值或图表中探索数据含义，那么今后在锁定问题原因时可以使用相关分析这个得力工具。这是帮助数据分析在实际业务中向前迈出一大步的最佳方法之一。因为相关分析具有以下四大优势。

（1）能够立即得出答案

正如前文介绍的，运用 Excel 的 CORREL 函数，立刻就能得出相关系数。对每天忙于日常业务，需要在短时间内找到答案的一线工作人员来说，相关系数可以节约时间的特点极其重要。在短时间内得到答案，就意味着可以在有限时间内多次尝试。

我们不一定从一开始就能得到预想的结果。所以进行数据分析时，能够在短时间内检验多个假设，这个优势不容忽视。

(2) 简单易懂，更容易得到对方理解

相关分析的结果（相关系数）介于 −1 至 +1 之间，对任何人来说都很易于理解。而且无须向对方详细解释"相关"的含义（其他分析方法的名称大多令人费解）及分析结果的意义。实际工作中，数据分析的结果需要得到理解和认可，因此是否便于沟通也很重要。在这一点上，相关分析可以说是完全合格的。

(3) 能够分析单位不同的数据

在工作中，输入的信息与输出的信息不一定都能用同样的单位表示。代表性例子是，发送网页宣传单的次数与来店人数之间的关系。输入信息是发送网页宣传单的次数，单位是"次"，而输出信息是来店人数，单位是"人"。两种数据单位不同，无法进行四则运算，或者单纯用数值进行比较，但做相关分析就完全没有问题。也就是说，相关分析的方法通用性很高，不受单位限制，可广泛用于现实业务。

(4) 为回归分析等进一步分析做铺垫

将数据的相关关系写成公式，就可以通过"回归分析"（第4章）做出更为具体的预测或制定计划方案等。也就是说，相关分析还可以为下一个分析阶段提供线索。

相关分析可以单独运用于实际业务，也可以为其他深入分析做准备。这样可以避免只用单独的一种方法结束分析，而是用其他方法做补充，或者组合使用，从而通过多个分析形成脉络，描绘出解决问题的完整故事。正如我多次强调的，贯穿始终的故事可以增强分析的论据，显著提高对方的理解和接受程度。

我在日产工作时，曾在很多项目中运用过相关分析。对那些全面掌握商业管理领域各项技能的高管，不用解释"什么是相关"，相关分析可以被所有高层管理者积极地接纳。即使有人不了解相关分析，也可以使用散点图直观展现两个数据之间的关系，获得相同的效果。散点图的直观效果与相关系数的定量分析相辅相成，在很多场合都曾发挥出卓越效果。

除了需要高层管理者进行决策的场合，在销售部门的日常业务中，相关分析也能够发挥威力。一般来说，汽车行业拥有丰富的销售数据。我刚入职时，也会收到各种途径汇报上来的销售业绩，但这些数据只不过是从各种角度展示的业绩而已。半路入行的我最感兴趣的是，这些数据与结果之间具有怎样的联系、会受到怎样的影响等问题。因此我使用各种数据，逐一考察它们与结果类数据之间的相关关系。

这么做的结果，是一些之前"只是结果"的汇报可以发挥更大的作用，使我洞悉影响结果的原因。我所属的部门负责区域销售，过去没有将数据组合在一起看过，而这种做法作为一个新突破口或新视点，成为有效利用数据的第一步。

找到相关分析的着眼点

那么，应该如何将相关分析用于眼前的问题呢？有一个降低难度的方法，就是记住常见的应用模式。图3-4列举了在解决问题的实际工作中应用相关分析的两种模式。

图3-4　在实际业务中运用相关分析的着眼点

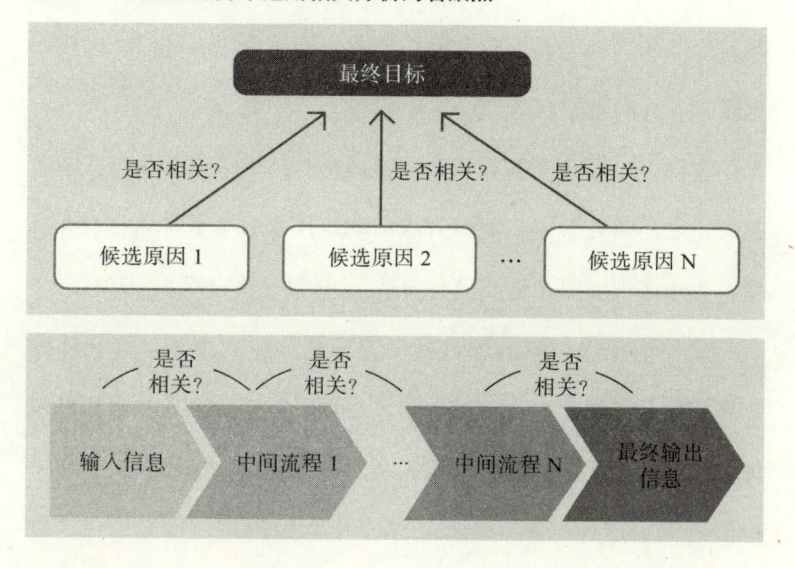

第1种模式通过相关分析，找出对最终目标具有密切影响的原因。例如，针对"销售额"这个最终目标，（通过假设）找出"顾客满意度""降价""产品魅力"等可能影响该目标的因素，观察这些因素与其相关程度的高低，可以得知按动哪个按钮（原因），会对销售额产生剧烈影响。这样就可以将资源转移到与目标关系更为直接的活动中。反之，对那些本以为有助于增加销售额而一直进行的活动，如果未能发现它们与目标的相关关系，结论可能就是需要重新考虑是否继续这些活动。

日产公司的全球总部也会面向各地区开展各项策划或活动。但寄予厚望而策划的活动，有时却未能如愿，或者最初虽然有效，但几年后就变得收效甚微。负责与当地沟通的部门，常能听到来自一线的类似反馈。

实际上，对正在开展的活动，很难对其成果展开讨论，或者在讨论之后终止活动。有时开展活动这件事本身更容易被视作成果，无法客观证明"已经没有效果"，是很难决定终止活动的。

这种情况下，新的项目接二连三地分派到当地，却无法确定哪些项目可以不必再继续下去，当地可能就会陷入项目不断增加的困境。为了解决这个问题，我们曾经多次尝试用相关分析来检验效果。这样一来，不是由某个个人做决定，而是通过"数据""客观地"展现效果的有无，从而反映出真实情况。用数据区分有效的项目和无效的项目,可以对有限的资源实现最优化配置。

第2种模式是在某个业务流程中找到瓶颈。业务流程中包含金钱、信息等的流动,理想的状态是所有要素都畅通无阻地抵达最终阶段(输出)。但如果某个环节出现了停滞,预想的输出就无法实现。让我们来看一个具体事例。

假设某计算机批发商向各零售店支付奖金,以便它们在各自店铺进行减价促销。零售店将奖金用来减价,从而增加销售。其具体流程如图3-5所示。

图3-5 在销售过程中应用相关分析

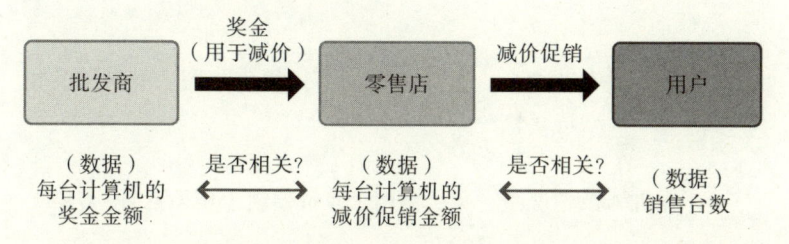

```
批发商 ──奖金(用于减价)──→ 零售店 ──减价促销──→ 用户
(数据)        是否相关?      (数据)        是否相关?     (数据)
每台计算机的   ←──────→      每台计算机的   ←──────→     销售台数
奖金金额                      减价促销金额
```

面对"计算机销售未取得预想业绩"的问题,需要在实现"销售台数"这一最终输出的流程中,找出问题(瓶颈)所在。找不到问题,就无法采取适当的措施。按照设想,本来应该是以下情形:

- "每台计算机的奖金金额"越高，零售店"每台计算机的减价促销金额"越高
- "每台计算机的减价促销金额"越高，购买计算机的顾客越多

其中任何一项存在问题，在"每台计算机的奖金金额"与"每台计算机的减价促销金额"之间，或者"每台计算机的减价促销金额"与"销售台数"之间就会看不到相关关系。

奖金被用到哪里了

进行相关分析之后，各数据之间可以得出如图 3-6 所示的相关系数。

计算机 A 的情况是，奖金被用于减价促销（相关系数：0.81），但减价并未体现为销售台数的增加（相关系数：0.29）。看来计算机 A 并不能依靠减价的方法来增加销量。这样，就找到了店铺减价流程中的一个瓶颈。计算机 A 需要立即改为采取减价以外的其他措施。

计算机 B 的情况是，似乎只要减价就可以期待销售台数增加（相关系数：0.94），但零售店并未将奖金用于减价促销（相关系

图 3-6　相关分析的结果

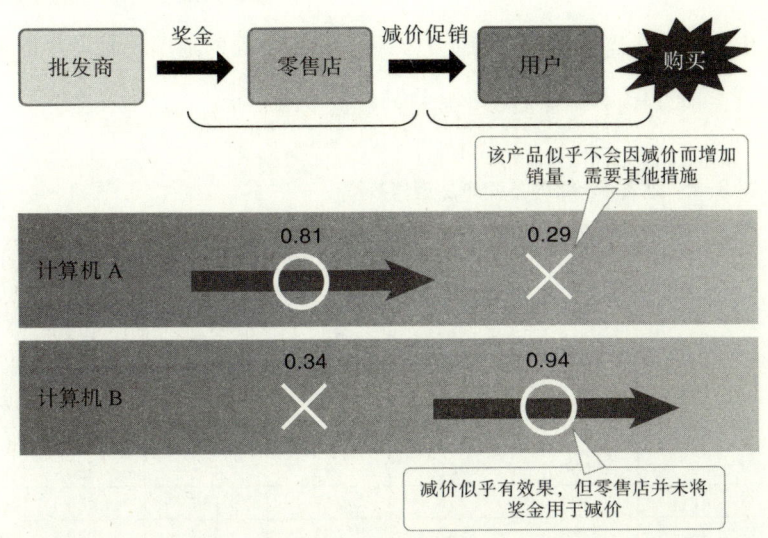

```
批发商 →奖金→ 零售店 →减价促销→ 用户 →购买
```

该产品似乎不会因减价而增加销量，需要其他措施

计算机 A　　0.81 ○──→　0.29 ×

计算机 B　　0.34 ×　　　0.94 ○──→

减价似乎有效果，但零售店并未将奖金用于减价

数：0.34）。这样，就发现了零售店在减价流程中造成的瓶颈，也许是零售店对一线员工管理不利造成的，也许是零售店故意将奖金揣进了自己的口袋。此时需要采取的措施是对零售店加强指导，或者将销售渠道改为其他零售店。

像这样，关注流程之间传递的数据，分析它们之间的相关关系，有时可以发现需要解决的问题。在实际工作中应用相关分析，一开始可能比较难，但如果我们随时意识到图 3-4 所示的 2 种模式，将其套用到各种情形，就能通过反复尝试逐渐培养出这种视点和直觉。

相关分析探索的是两种数据之间的相关系数,但实际业务中,需要考察的对象可能不只两种。例如下面的情形,假设这是过去15周内各种商品销售数量的数据(图3-7)。

图3-7 过去15周内各种商品销售数量

周	冷冻食品	酒	点心	副食	面包
#1	458	450	330	228	432
#2	162	283	317	166	478
#3	418	325	269	245	104
#4	502	439	169	217	344
#5	390	350	274	253	415
#6	171	154	318	199	194
#7	560	463	135	411	256
#8	193	278	217	157	126
#9	222	183	153	364	179
#10	391	422	210	446	151
#11	234	293	239	193	277
#12	197	255	444	306	481
#13	416	195	397	116	489
#14	393	455	175	426	109
#15	368	465	346	398	478

用 Excel 加载项进行批量分析

图3-7的样本量在实际工作中其实还不够充分(一般认为最少需要30个样本),不过我们就暂且用它来粗略地考察一下各商品销售数量是否相关。然后可以根据其结果提出假设,在卖场找到有利于顾客依次购买的摆放方式。从冷冻食品到面包,5种商

品两两组合，可以得出 10 种模式。对这种规模的数据，可以用 Excel 的 CORREL 函数逐一计算出相关系数。

但如果商品种类变为 10 种，就会产生 45 种组合模式。这时再用 Excel 的 CORREL 函数计算相关系数会非常吃力。这种情况下，可以使用 Excel 标准配置的"加载项"功能。这里以 Excel 2013 为例进行说明。其他版本可能略有不同。

首先在"文件"菜单中单击"选项"。在接下来出现的页面点击"加载项"，并从右侧列表中选择"分析工具库"（图 3-8）。

图 3-8　选择加载项

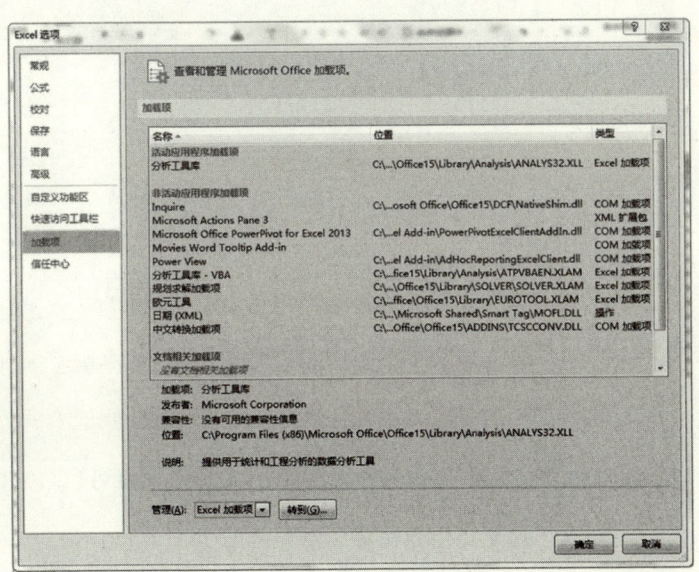

点击页面下部的"转到"按键,在接下来的画面中勾选"分析工具",点击"确定"。这样就在 Excel 中加载了分析工具。加载成功以后,同一台计算机以后无须再次加载,非常方便。

图 3-9 勾选分析工具

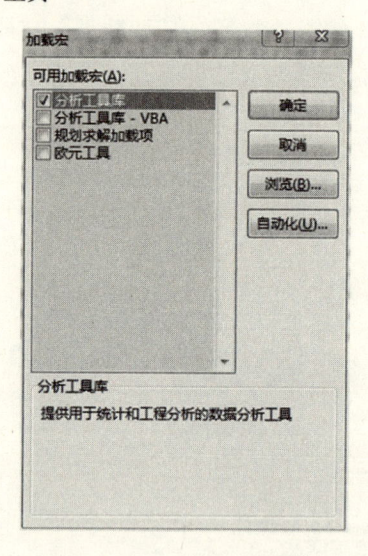

加载完成后,"数据"标签右侧会显示"数据分析"。点击"数据分析",在图 3-10 所示页面选择"相关系数"。点击"确定"后,将数据所在范围指定为"输入区域",在"标志位于第一行"前划✓,点击"确定"完成操作。于是前文的例子就可以得到图 3-11 所示结果。这里将小数位数设定为两位。

图 3-10　选择"相关系数"

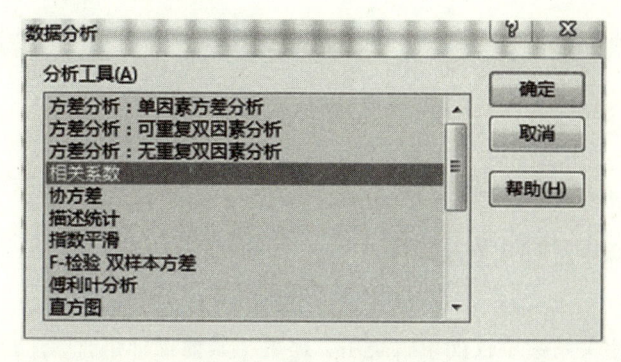

图 3-11　5 种食品的相关系数矩阵（分析结果）

	冷冻食品	酒	点心	副食	面包
冷冻食品	1				
酒	0.72	1			
点心	0.31	0.34	1		
副食	0.32	0.54	0.40	1	
面包	0.03	0.01	0.69	0.30	1

图 3-11 显示了 5 种数据之间所有组合的相关系数。从中可以发现，有 3 种组合，即冷冻食品与酒、酒与副食、点心与面包的相关系数超过 0.5。可能是最近独自一人吃晚餐的顾客比以前增加了，酒与冷冻食品或副食的销售情况比较相似。点心与面包的组合可能是面向儿童顾客的。进一步调查星期几、哪些商品或者哪些时间段的销售情况更好等信息，也许可以得到更深入的结果。

这样一来，很容易就可以找到下一步分析的线索。数据种类较多的相关分析中，Excel 加载项是一个强大的工具。对数据分析感兴趣的读者，不妨立刻启动加载项尝试一下。

利用矩阵排列优先顺序

相关系数不仅能单独使用，还可与其他指标组合起来进一步应用。例如，图 3-12 的例子是温泉旅馆的顾客问卷调查结果。除了综合满意度之外，该问卷调查还包括顾客对其中 5 个因素的评分。

图 3-12　温泉旅馆顾客满意度问卷调查结果

顾客编号	综合满意度	料理	价格	洗浴	接送	服务态度
#1	62	68	77	55	97	53
#2	36	65	94	50	22	22
#3	93	64	48	67	64	86
#4	41	67	58	32	18	87
#5	76	91	100	58	75	56
#6	34	51	41	54	29	35
…	…	…	…	…	…	…
#26	78	88	90	48	75	55
#27	64	88	77	27	47	50
#28	53	69	55	22	68	45
#29	72	95	68	62	92	99
#30	63	88	61	39	42	52

"综合满意度"决定了顾客是否会再次光临,因此需要判断在哪个方面加大力度才能提高综合满意度。旅馆的资源(经费、时间、人员等)有限,需要对5个因素进行比较,决定其优先顺序。为此,我们考察了各因素与综合满意度的相关系数(图 3-13)。

图 3-13 各因素与综合满意度的相关系数

	综合满意度	料理	价格	洗浴	接送	服务态度
与综合满意度的相关系数		0.73	0.35	0.60	0.14	0.50
平均得分	61.6	68.7	62.2	44.8	56.7	56.2

同时还计算了各个因素的平均得分。仅凭这些仍然难以做出判断,所以又以相关系数为纵轴,以平均值为横轴,做成图 3-14 所示的矩阵。

为了明确评价标准,我们将综合满意度的平均值(61.6 分)和相关系数 0.5 做了突出显示。与综合满意度具有相关关系(以 0.5 为标准)的,包括"料理""洗浴"和"服务态度"。"料理"与综合满意度的相关程度最高,不过"料理"的得分已经达到了较高水平,远远高于平均值,因此与其他方面相比,可改进的余地比较小。当然,如果"料理"得分降低也会产生严重的后果,所以必须要维持现状。

图 3-14　顾客满意度矩阵

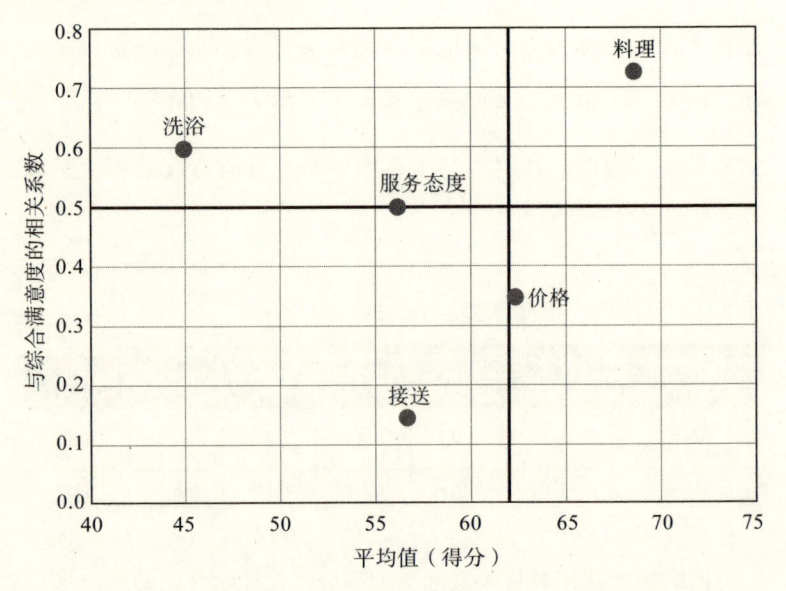

另一方面,"洗浴"与综合满意度有相关关系,但平均得分较低。因此"洗浴"方面还有较大的改进余地,而且改进越多就越能提高综合满意度。同理,继"洗浴"之后需要强化的是"服务态度"。

需要注意的是,这里将与"综合满意度"的关系的密切程度作为一个维度,将"得分"数值作为另一个维度,这样可以把性质迥异的 2 个维度结合起来,互相补充对方所欠缺的信息。

也就是说,只靠相关系数体现的关系密切程度,无法看出"现在的得分是高还是低"。另一方面,仅凭"得分的高低",也无法了解它对综合满意度有多大贡献（恐怕很多人都有过仅凭得分高低做判断的经历吧）。将2个维度组合起来，可以补充缺失的信息，能够更深入、更清晰地体现出整体情况。

像这样，需要客观地决定优先顺序时，可以通过2个维度展现其相对定位。这样不仅可以使分析更具深度，也更便于与其他人共享直观化的信息，在组织内形成共识。请想象一下对每个维度单独展开讨论的情形，与只用平均值单纯比较相比，运用相关系数得出的结果更易于展开讨论。

来自不同部门或具有不同国籍等多样化背景参与者之间，很难实现相互理解并达成共识。不过有一些方法确实可以让所有人都更容易接受。"2个维度"的直观方法就是其中之一。它最大的优势就是，既可以让人从主观上理解，同时又能够提供客观依据。

我曾经多次使用过这个武器。例如有时需要在短短5分钟的有限时间内，同时展示结论和根据，征得所有高层管理者的一致同意，那么这个方法就可以发挥绝佳效果。

不要随便编故事

相关分析既有效又简单，稍做尝试即可得出结论，非常适合实际应用。但另一方面，如果理解或使用方法不当，相关分析也有可能得出错误的结论。如果能在分析过程中发现这些错误倒也无妨，但这一点往往很难做到。实际上，有很多情况必须依靠分析者本人的细心、知识或经验才能发现。没有一种方法可以保证"这样做绝对没问题"。

因此，我们在学习分析方法的同时，还需要了解它的注意事项。随时有意识地进行检查，可以大大提高数据分析的质量。那么，都有哪些陷阱呢？以下介绍4种常见的情况。

陷阱1 因果关系

得知"具有密切关系"之后，人们常会下意识地把某些故事套在上面。其中最容易接受的故事就是因果关系。将信息碎片随意拼接起来，编造出若有其事的故事（因果关系），然后再用它来"说服"自己，这种情况在日常生活中十分常见。进行客观分析时，尤其需要注意这一点。

例如，"媒体曝光度"与"咨询件数"之间似乎具有高度相关。那么是否就可以得出结论，认为"进一步增加媒体曝光，就能增加销售额"呢？答案是"也许是，也许不是"（图3-15）。

也许是由于"咨询件数"的增加，引起同行业的关注，才导致了"媒体曝光度"增加这一结果。

图 3-15　媒体曝光度与咨询件数之间是否具有直接关联？

相关关系并不一定就是因果关系，这一点非常重要。是否给相关关系套上因果关系的故事，是分析者个人判断决定的。所以要清楚，这并不是分析结果所展现的内容。根据同样的分析结果，却有可能得出与原本的因果关系截然相反的解释。

例如，二氧化碳浓度与气温变化之间确实存在相关关系。人们一般认为，"因为二氧化碳增加，导致地球变暖"，但其实也有论文提出截然相反的观点，认为是因为气温升高，使海水中的二氧化碳被排到大气中，导致二氧化碳浓度上升。在这个例子中，对于哪个是原因，哪个是结果，人们做出了不同的解释。仅靠相关分析，无法明确其因果关系。

作为检验因果关系的方法之一，可以考察 2 种数据发生变化的时期（顺序）。因果关系应该是原因变化在先，结果随后发生变化。

陷阱 2　疑似相关

任何情形都可以通过计算得出相关分析的结果（相关系数），但这个结果未必都是由"直接"相关关系导致的。尤其是在复杂的商务世界中，只用一对一的直接关系就能解释的情况其实很少。如果仅凭计算结果创造故事，很可能会得出有悖常识的结论。

例如，假设"顾客满意度"与"销售额"高度相关。那么是否就能直接得出"改善服务，提高顾客满意度，就能进一步提高销售额"的结论呢？对此，答案依然是"也许是，也许不是"。仅凭相关分析的结果无法得出真正答案。如图 3-16 所示，这种情况要求分析者考虑是否存在"第 3 个要素"。

图 3-16　顾客满意度与销售额之间可能存在"第 3 个要素"

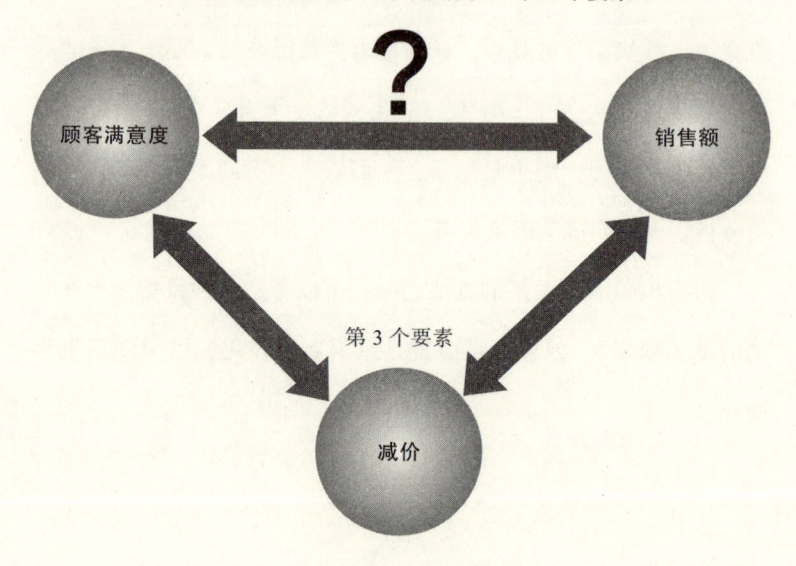

在这个例子中，如果还存在分析中没有体现出来的"减价"，就不能否定减价导致销售额和顾客满意度同时提高的可能性。顾客满意度与销售额同时增加，数字上得到的结果显示两者高度相关，但我们却不能就此认定二者有直接关系（例如因果关系）。在这种情况下不能把思考停留在眼前的数据上，还要随时提出多种假设，分别考察它们之间的相关关系，才能从某种程度上降低风险。

如何解释分析结果，需要分析者亲自判断。扩大解释的选项范围，可以避免结论受到狭隘思路的限制。

陷阱3 数据的范围

所有的数据分析都有一个共同点，就是分析所用的数据范围不同，会对结果带来很大差异。图3-17显示了某保险产品销售专柜员工"接受培训的次数"与"服务态度在顾客问卷调查中的得分（服务态度得分）"的关系。如果一股脑地计算所有数据的相关系数，可以得到0.40这样一个并不算高的数值。

不过我们并不能据此得出"接受培训次数的多少对顾客满意度没有贡献，因此没有意义"的结论。因为如果假设"只有达到一定次数之后，培训效果才会显现"，那么就有可能在散点图上发现前后出现变化的点。图3-17的例子很明显，以接受培训20

次左右为界,服务态度的得分趋势开始发生变化。也就是说,需要对分界点的前后加以区分,重新进行相关分析。

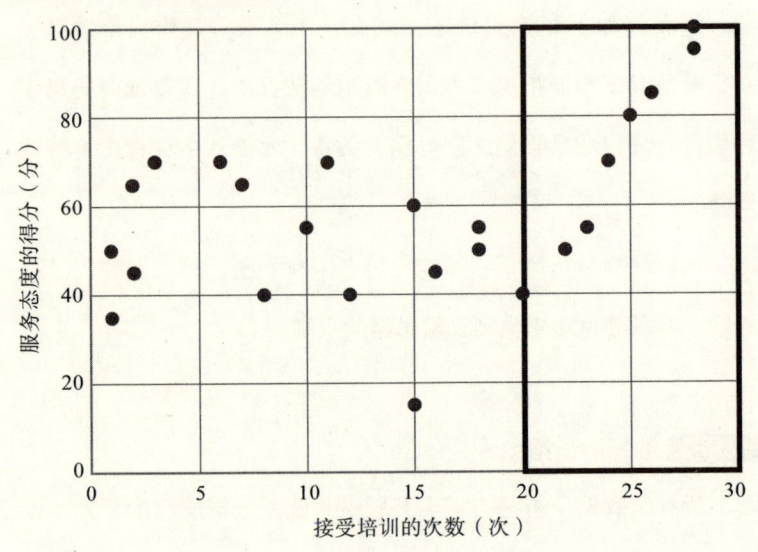

图 3-17 培训的效果检验

单独计算接受 20 次培训以后的相关系数,可以得到接近 1 的高度相关的数值。这个"选择分析范围"的工作也要由分析者来做。分析者能否针对数据范围提出适当的假设,有可能会导致截然相反的结论。

除了最初就知道应该着眼于何处的情况,一般情况下,可以用散点图将数据的相关关系直观地展现出来,然后再逐一探索应该从何处着眼,这也是一个关键。

第 3 章 采用交叉视点，锁定"原因" 117

陷阱 4　离群值

还有一个与其他分析方法共通的注意事项，即对"离群值"的处理。离群值指由于某种原因，与其他数据差距比较大的数据。分析对象中是否包含离群值，会使相关系数产生很大差异。图 3-18 是从 25 家经销商收集的汽车分期付款销售数量。从整体上可以看出，随着贷款利率（横轴）的升高，分期付款销售数量（纵轴）呈下降趋势。

图 3-18　分期付款销售业绩

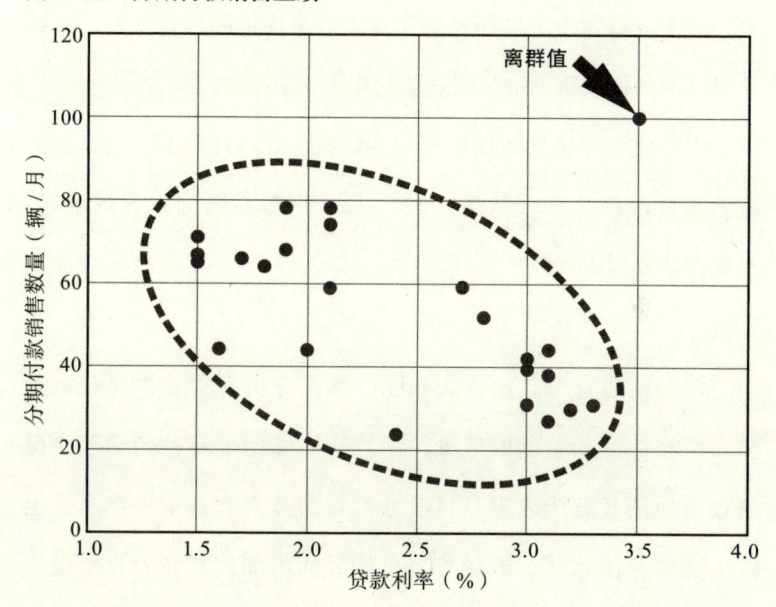

在右上方，有一家店铺并不符合这个倾向。它就是离群值。

连同这个离群值一起计算，得到的相关系数为 –0.44，并不太高。但如果剔除离群值，相关系数就会猛增为 –0.74。

那么是否应该把离群值全都剔除在外呢？答案是"原则上，没有明确理由是不可以的"。

如果可以随意删除数据，就有可能出现分析者操纵分析结果，导致分析丧失客观性和可信度的情况。所以，发现离群值时，首先要调查这个数据为什么会出现偏离。在此基础上，如果能找到合适的理由，则可以将其从对象中剔除，再进行分析。这个事例中，由于只有右上方的经销商实施了极为优惠的首付政策，所以分期付款销售数量的增长与贷款利率无关。

收集此类无法从数据中获知的信息，并进行判断，也是分析者的重要工作之一。像图 3-18 一样，用散点图加以直观展现，会更容易发现离群值。

综上所述，与其他方法相比，相关分析有很多需要分析者多加留意、开动脑筋的地方，这与它能够用于各种问题和情况的较高通用性互为表里。虽然分析者的技术和直觉可能永远也达不到满分的水平，但随着分析经验的增加，其能力自然也会不断提高。

「解决问题的故事3」

第三步：建立WHY型假设，关注影响客户忠诚度的要素

锁定问题关键并进行检验之后，确定车型B与车型C的客户忠诚度自一年前开始下降，导致很多顾客再次购买时转为选择其他公司产品，影响了销售数量和销售额。

那么为什么会出现这种情况呢？可以通过关注客户忠诚度与其他数据之间的相关关系来锁定原因。

虽然也可以对客户忠诚度和可能相关的现有数据逐一进行相关分析并建立假设，但为了保证思路不受数据或随机因素的影响，我们首先从理论上进行思考。

要寻找原因，可以构建"WHY型假设"。WHY型假设是将问题放在最顶层，然后列出能够回答"为什么"的所有可能答案。接下来，再针对这些答案，同样重复"为什么"的提问，进一步深入挖掘。

图A从"用户再次购买时为什么选择其他公司产品"的疑问开始，最终将问题归纳为"售后服务""产品"和"价格"3个关键词。总结关键词，可以便于检查是否有遗漏或缺失。一句话不太容易在大脑中留下印象，而只列出关键

词，则比较容易发现遗漏或者重复。

图 A　车型 B 的客户忠诚度为什么会下降（WHY 型假设）

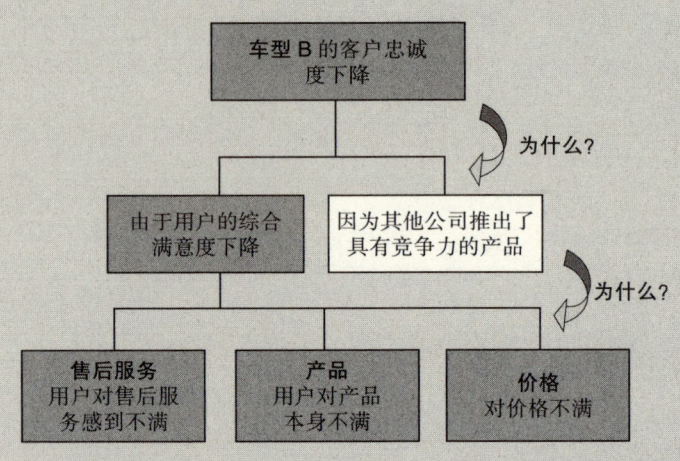

```
            ┌─────────────────┐
            │ 车型 B 的客户忠诚 │
            │     度下降       │
            └─────────────────┘
                     │           ↘ 为什么？
         ┌───────────┴───────────┐
   ┌──────────┐          ┌──────────────┐
   │由于用户的综合│          │因为其他公司推出了│
   │满意度下降  │          │具有竞争力的产品 │
   └──────────┘          └──────────────┘
         │                        ↘ 为什么？
   ┌─────┼─────┐
┌──────┐┌──────┐┌──────┐
│售后服务││ 产品 ││ 价格 │
│用户对售后服││用户对产品││对价格不满│
│务感到不满││本身不满││        │
└──────┘└──────┘└──────┘
```

　　至于需要深入挖掘到何种程度，我认为只要最终能够锁定原因，并设想出具体措施即可。这个事例中，有一个原因选项是"因为其他公司推出了具有竞争力的产品"。对这个原因，无论如何深入挖掘，解决方法也只能是"开发更有竞争力的产品"等中长期措施，不能成为尽快增加销售的方法。因此，可以暂且将其优先顺序推后。

　　也有可能这才是根本原因，所以我们不是无计可施就忽视它的存在，而是因为目前需要优先调查能在短期内采取对策的原因。与那些需要严密调查理论上的所有原因，写成报告的情况不同，商务人士需要根据目的、制约条件和实际情况，采取灵活的措施。

那么，先来看综合满意度（月份平均）与客户忠诚度是否相关。因为没有区分不同车型的满意度数据，只有包括所有车型的综合满意度，所以需要计算它与各车型客户忠诚度之间的相关系数。

如图B所示，整体客户忠诚度与综合满意度之间的相关系数为0.64，由此可知一般来说（不区分车型），两者之间存在相关关系。再看不同车型客户忠诚度与综合满意度的相关，车型B和车型C与综合满意度的相关系数分别为0.75、0.69，数值较高，可以确认为相关。

此外，没有被列为问题关键的车型A和车型D与综合满意度不相关，决定顾客再次购买时如何选择的，可能是竞争对手产品等其他原因。

只看综合满意度，并不能决定"应该采取哪些措施"。这样的话仍然无法对实际业务产生意义，所以接下来还要再次应用相关分析来探讨"售后服务""产品""价格"与综合满意度之间的相关程度。每一种车型都有数据，所以就按照不同车型分别来看（图C、图D）。

图 B　不同车型客户忠诚度与综合满意度的相关系数

	客户忠诚度（%）	车型 A（%）	车型 B（%）	车型 C（%）	车型 D（%）	综合满意度（%）
1月	80.4%	20.0%	96.7%	83.7%	88.0%	98
2月	71.0%	64.7%	90.9%	85.3%	43.1%	100
3月	69.4%	50.0%	83.3%	81.1%	55.4%	88
4月	78.4%	21.4%	76.9%	91.3%	87.9%	64
5月	66.1%	46.7%	84.0%	87.5%	52.9%	82
6月	81.7%	100.0%	71.4%	75.0%	91.3%	72
7月	83.3%	36.4%	91.7%	87.5%	85.3%	98
8月	69.1%	85.7%	90.0%	90.9%	40.4%	68
9月	70.1%	64.3%	81.6%	72.4%	60.4%	90
10月	82.2%	40.0%	90.3%	85.7%	78.2%	89
11月	62.8%	23.1%	80.0%	77.8%	47.1%	91
12月	64.9%	50.0%	65.7%	60.6%	76.5%	97
1月	66.9%	50.0%	74.4%	61.3%	74.7%	75
2月	61.3%	50.0%	62.5%	69.8%	50.4%	65
3月	68.6%	44.4%	62.5%	64.9%	87.5%	55
4月	68.4%	48.0%	64.3%	69.2%	91.7%	59
5月	64.8%	76.9%	48.7%	59.5%	97.9%	69
6月	53.8%	50.0%	57.1%	51.2%	55.5%	33
7月	55.2%	26.7%	51.1%	61.1%	84.7%	48
8月	67.3%	90.9%	66.7%	61.8%	75.4%	48
9月	55.1%	26.3%	62.2%	50.0%	68.5%	55
10月	54.8%	33.3%	60.4%	54.8%	60.0%	57
11月	52.7%	20.0%	66.7%	50.0%	64.4%	44
12月	59.3%	55.6%	56.7%	52.6%	93.3%	31
与综合满意度的相关系数	0.64	-0.02	0.75	0.69	-0.19	

图 C（车型 B）各项要素与综合满意度的相关

综合满意度	售后服务满意度	产品满意度	同类产品价格比
98	98	75	0.95
100	95	85	0.81
88	50	95	0.96
64	77	100	1.05
82	81	85	1.19
72	62	30	1.04
98	70	55	0.93
68	50	40	0.95
90	86	25	1.05
89	48	35	0.98
91	100	40	0.91
97	22	70	0.90
75	40	70	1.29
65	80	60	1.02
55	50	75	1.24
59	42	65	1.30
69	66	70	0.92
33	32	55	1.33
48	55	60	1.07
48	97	70	1.14
55	73	55	1.04
57	96	95	1.19
44	72	40	1.21
31	35	95	1.24
与综合满意度的相关系数	0.26	-0.10	-0.72

图 D（车型 C）各项要素与综合满意度的相关

综合满意度	售后服务满意度	产品满意度	同类产品价格比
98	89	90	1.29
100	89	15	1.08
88	81	25	0.89
64	67	20	0.93
82	72	30	1.19
72	88	90	1.29
98	70	85	0.92
68	47	20	1.29
90	65	100	1.30
89	81	65	1.15
91	68	20	0.89
97	71	55	1.21
75	52	70	1.12
65	60	85	1.00
55	53	85	1.13
59	73	95	1.02
69	58	50	0.92
33	82	90	1.09
48	61	40	1.05
48	44	60	1.20
55	38	80	1.06
57	43	30	1.08
44	47	95	1.06
31	39	15	1.05
与综合满意度的相关系数	0.59	−0.07	0.09

通过图 C 可以发现，对车型 B 来说，与同类产品的价格比（相对而言是贵还是便宜）对综合满意度的影响较大。二者的相关系数为 -0.72，表示价格越高，顾客满意度就会越低。需要注意其变化趋势是相反的，也就是说，车型 B 的用户对价格比较敏感。

对车型 C 也进行同样的调查，结果为图 D。可知对车型 C 来说，售后服务满意度与综合满意度高度相关（0.59）。

同样是综合满意度，车型 B 的用户与车型 C 的用户所重视的关键点完全不同。当然，我们也可以越过综合满意度，直接考察每个车型的客户忠诚度与"售后服务""产品""价格"等数据的相关系数。

不过在提出假设时，直接连接到具体项目，就有产生"逻辑跳跃"的风险，可能会有人质疑："客户忠诚度为什么会与售后服务直接联系在一起"。为了保证自己的故事能够令人信服地说明整个经过，需要细心地构建假设，依据假设依次分析，这会左右整个分析的可信度。

将前面所有分析组织起来，其结构如图 E 所示。它体现了对问题进行深入挖掘的整个过程。

要注意，必须确保沿着挖掘出的原因逆流而上，一定会达到"销售总额减少"这个最根本的问题。

此外，图 E 还体现出，分析者并不是只分析了偶然想到的某些项目,而是通过这个构造避免了遗漏或重复,并对那些最终确定并非问题或原因的项目也进行了检验。另外,对话框里的内容解释了停止深入挖掘的原因。这样一来,听众就可以明白,分析者说到解决问题、进行分析或企划的目标时,"该工作的最终目的"这一重要视点始终没有动摇。锁定原因之后,接下来就是制定改进(解决)措施了。

图 E 分析得出的解决问题的故事的构造

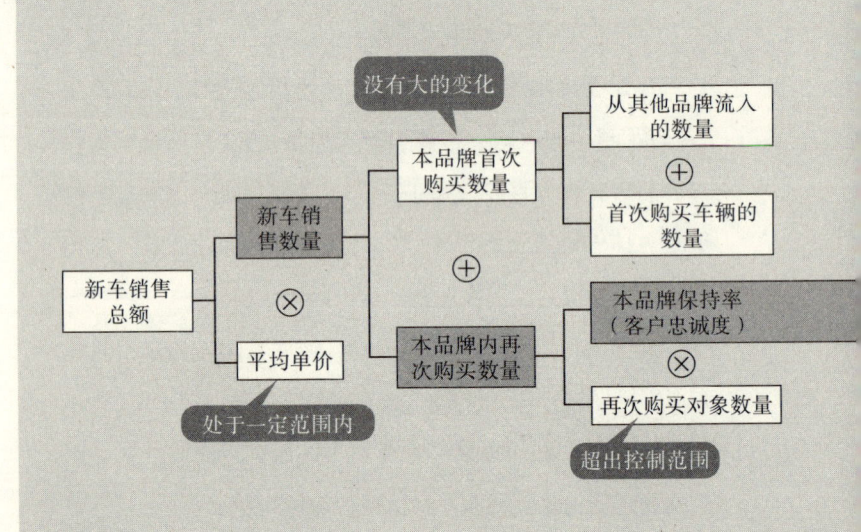

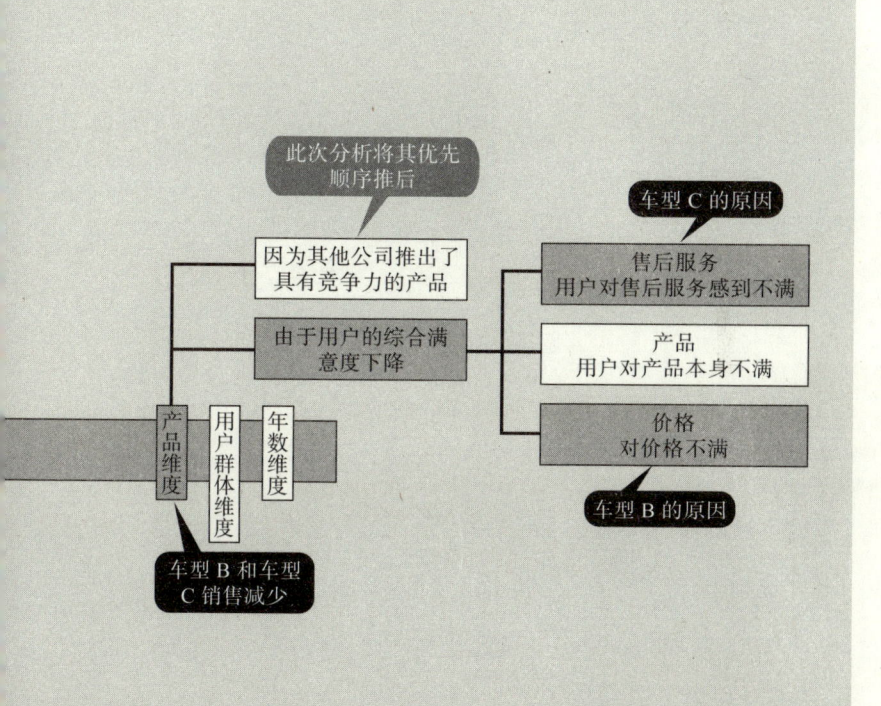

第3章 采用交叉视点，锁定"原因" 127

```
                          ┌─ 此次分析将其优先
                          │  顺序推后
                          │
            ┌─ 因为其他公司推出了
            │  具有竞争力的产品
            │                      ┌─ 车型 C 的原因
            │                      │
            │                ┌─ 售后服务
            │                │  用户对售后服务感到不满
            └─ 由于用户的综合满 ─┼─ 产品
               意度下降        │  用户对产品本身不满
                              │
产品 用户 年数                  └─ 价格
维度 群体 维度                     对价格不满
     维度
                                   └─ 车型 B 的原因

车型 B 和车型
C 销售减少
```

第 4 章

制定对策,要依据"方程式"

前面介绍了如何确认2个数据之间的相关程度并锁定原因。相关分析具有简单实用的优点，即使数据单位不同［例如"人"和"钱（日元）"等］，也可以进行分析。但在实际工作中，要想充分发挥数据分析的作用，获得对方的认可，还需更进一步的工作。

例如，相关分析的结果表明，"在网上公布视频的频率"与"购买数量"高度相关（图4-1）。根据数据得出这一发现虽然有意义，但设想一下，如果把"高度相关"作为结论汇报给上司，他会做出怎样的反应呢？

上司一定会问："我知道它们高度相关了。那么，公布视频的频率对购买数量到底有多大影响呢？"了解相关程度的大小，对锁定原因非常有效，但只靠相关分析却无法得知这个原因会对目标产生多大影响。

虽然找到了高度相关的原因，却仍然不知道要改善到什么程度才能对目标带来变化。而对掌管业务整体运营的人来说，这是一个非常重要的问题。

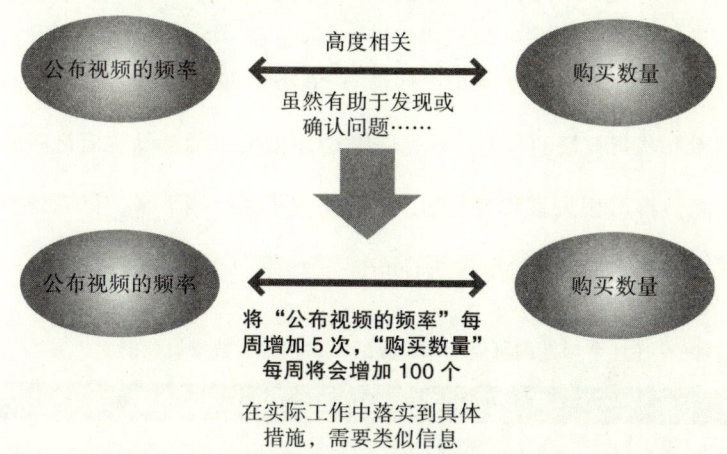

图 4-1 公布视频的频率与购买数量的关系

```
[公布视频的频率] ←—— 高度相关 ——→ [购买数量]
                虽然有助于发现或
                   确认问题……
                       ↓
[公布视频的频率] ←————————→ [购买数量]
           将"公布视频的频率"每
           周增加 5 次,"购买数量"
           每周将会增加 100 个
           在实际工作中落实到具体
             措施,需要类似信息
```

此外,上司可能还会问及措施或计划:"那么具体要采取哪些措施,做到何种程度呢?"也就是说,相关分析归根结底还只是锁定原因,而无法规划下一步的措施。

现实工作中,人们需要根据数值采取行动。"为什么要进行分析""计划根据分析结果做什么",这些视点和思维方式,对实际业务中的数据分析工作具有极为重要的意义。

因此,继相关分析之后,还需要"一元回归分析"登场。一元回归分析可以将 2 个数据之间的相关关系表现为具体公式。前文的例子就可以通过一元回归分析计算出"在网络公布视频的频率"为多少时,"购买数量"会达到多少。

10 秒钟完成一元回归分析

例如,如图 4-2 所示,假设有 30 个星期内每周公布视频的频率和购买数量的数据。首先使用 CORREL 函数确认二者之间的关联,得出相关系数为 0.80,属于高度相关。接下来,可以按照以下步骤,得出"公布视频的频率"与"购买数量"的数值关系。

图 4-2 30 个星期内每周公布视频的频率和购买数量的数据

周	公布视频的频率(次/周)	购买数量(个/周)
1	95	328
2	75	456
3	110	485
4	86	302
5	73	396
6	24	242
…	…	…
27	38	322
28	97	321
29	81	342
30	34	130
相关系数		0.80

(1)用散点图展现 2 个数据间的关系

绘制散点图时,一般需要注意确认将哪个数据设为纵轴(图 4-3)。除了清晰明了、简单易懂之外,散点图还必须保证在之后的数值化过程中,用纵轴表示"输出(结果或目的)",用横轴表示"输入（能够控制的变量）"。散点图的原则是通过控制横轴的变量，引起纵轴变化。在 Excel 中将纵轴的数据放在右侧，横轴的数据放在左侧，就可以得到想要的散点图。

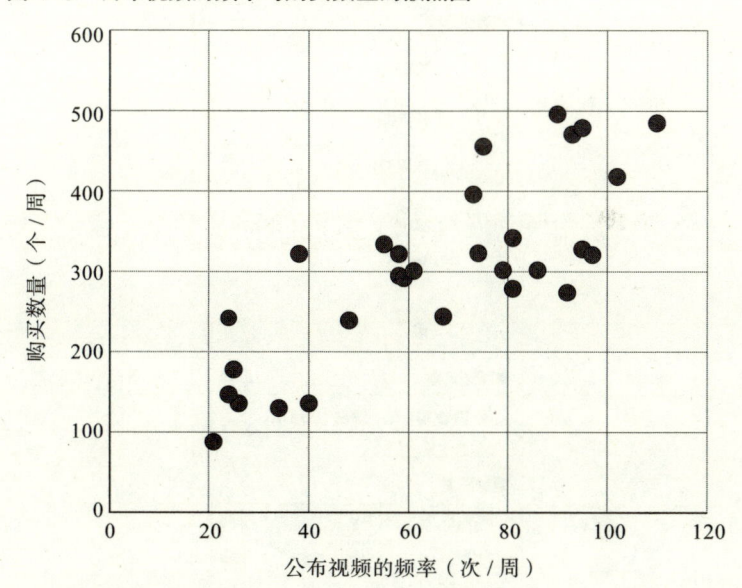

图 4-3　公布视频的频率与购买数量的散点图

（2）用散点图求回归方程

选择散点图上任意一个点，点击鼠标右键，在菜单中选择"添加趋势线"。然后在图 4-4 所示的页面中勾选最下面的"显示公式"和"显示 R 平方值"。如图 4-5 所示，散点图上就会出现一条大致从数据中心通过的直线，以及体现纵轴与横轴数值关系的公式。

图 4-4　勾选在图表中显示公式和 R 平方值

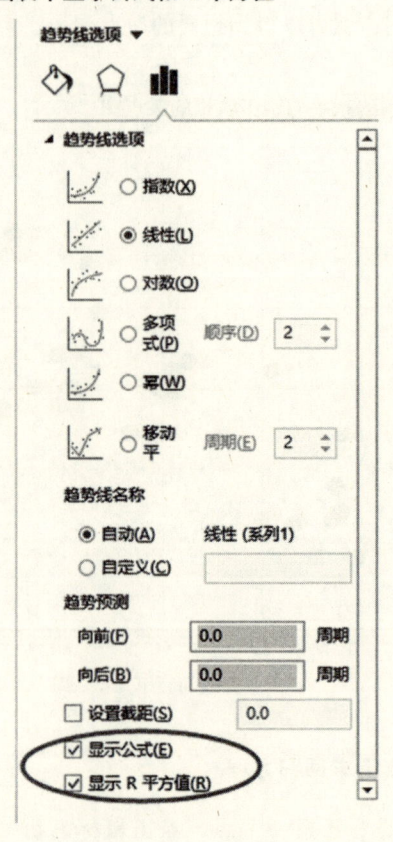

依据具有相关关系的数据，上述操作可以在 10 秒钟之内完成。这个方法与相关分析一样，能在实际工作中发挥巨大优势。在实际工作中，我们收集到的数据，并不一定都能预测出结果，或者说可能大多数都无法预测结果,所以需要在较短时间里多次试错。能在 10 秒钟之内完成一次分析,也就意味着可以在有限的时间里进行多次检验。

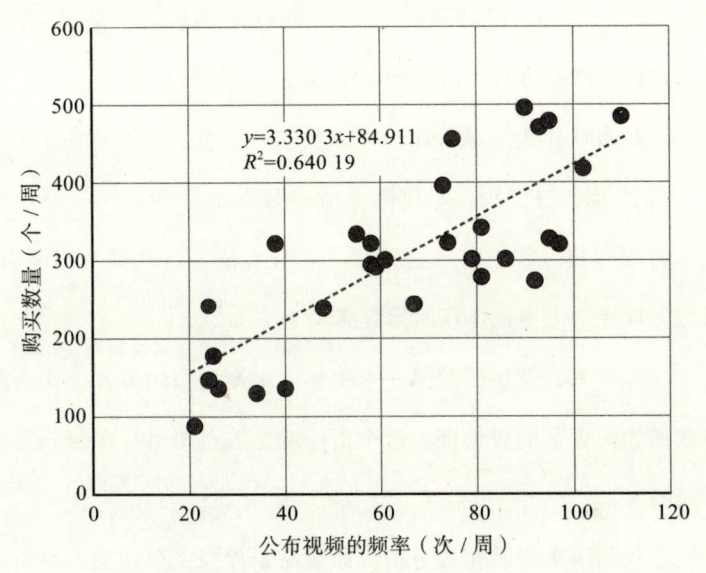

图 4-5　散点图上的回归方程和 R 平方值(R^2)

[图示:散点图,横轴为"公布视频的频率(次/周)",纵轴为"购买数量(个/周)",图中标注 $y=3.330\,3x+84.911$,$R^2=0.640\,19$]

那么,应该如何解释这个结果呢?散点图上的公式为:

$y=3.330\,3x+84.911$

在这个例子中,该公式可以理解为:

购买数量（个/周）=3.33 × 公布视频的频率（次/周）+84.9

可能很多人都发现了，我们曾经在中学数学课上学过这个公式，表示直线 y=ax+b（a 是斜率，b 是常数）。这条直线就是图 4-5 中的直线。一元回归分析公式用 y=ax+b 的形式来表现这条直线，这就是回归方程（由此画出的直线叫作回归直线）。

回归直线作为零散分布的原始数据的代表，是距离各点（数据）之和最小的直线。不过除非所有数据都排列在同一条直线上，否则回归方程与各点之间就一定会有偏差。就这一点而言，回归方程无法完美地体现原始数据。

这样一来，就还需要另一个指标，来衡量回归方程（作为原始数据的代表）的可信度。这个指标就是散点图里写在回归方程下面的 R^2。

让我们再来看看相关分析。如果原始数据完全相关（相关系数 =1），那么所有的点都会排列在一条直线上；但如果不是完全相关，相关系数就会随着数据对完全相关（直线）的偏离，从 1 开始逐渐减小。其实，越偏离直线，指标越小于 1 的现象也适用于一元回归。数据偏离越远，回归直线就越不能准确地代表原始数据，R^2 表示数据的偏离程度。

关注相关系数的平方

接下来,我们来看 R^2。在图 4-2 的例子当中,相关系数是 0.80。其平方为 0.64,与从散点图求出的 R^2 =0.640 2 的数值一致。R^2 就是相关系数的平方。因此我们对 R^2 也可以采取与相关系数相同的评价标准。

多数情况下,我们将相关系数大于 0.7,或者稍微放宽一些,将相关系数大于 0.5 的情况视为"相关"。0.7 和 0.5 的平方分别为 0.49 和 0.25。大多数情况下,我将 0.7 作为相关系数的标准,将 0.49 作为 R^2 的标准,大于这个数值则判断数据相关,可以放心地使用回归方程。对同一数据来说,根据相关系数判断,还是根据 R^2 判断,其结果是相同的。

顺便说一下,x 叫作"自变量"或"解释变量",y 叫作"因变量"或"被解释变量"。不知道这些专用名词也不会影响分析,不过与了解回归分析的人交流时,自然会用到这些词,做些了解也没有坏处。

如果用百分数(%)表示 R^2,它可以理解为"被解释变量"在多大程度上可以由"解释变量"来说明。就前文这个事例来说,就是在"购买数量"这个变量当中,有 64.02%(=0.640 2)可以通过"公布视频的频率"得到解释。这样可能更便于我们理

解 R^2 的含义。

那么，刚才得出的回归方程，应该如何解释呢？斜率（3.33）表示，"公布视频的频率"每周增加 1 次，"购买数量"将会增加 3.33 个。比较公布视频的频率增加 1 次的成本和购买数量增加 3.33 个所带来的收益，就可以检验目前公布视频的成本能否带来足够的销售增长。如果公布视频 1 次需要 1 000 日元的成本，而销售增加 3.33 个带来的利润增长为 900 日元的话，我们就不会再进一步增加公布视频的频率。

只靠相关分析的结果无法得到类似的数值关系。通过这种关系可以得知，增加 1 次公布视频的频率，会对目标即购买数量产生多大的影响。如果其他要素与购买数量的相关程度较低，但能给购买数量带来更大影响的话，也可以优先采取那个方面的措施。

另一方面，假设本周销售目标为 400 个，也可以将它代入 y，反向推算公布视频的频率（400=3.33 × 公布视频的频率 +84.9）。计算可知，需要公布视频的频率为 95 次 / 周。将这种情况反映在散点图上就是图 4-6。

像这样，知道达到目标（例如销售数量 400 个）所需要的输入（例如公布视频的频率）为多少，就可以计算出需要多少资源，或者据此设定行动指标（KPI：重要业绩评价指标），从而制定出更为客观并符合逻辑的计划。

图 4-6 用散点图逆向推算公布视频的频率

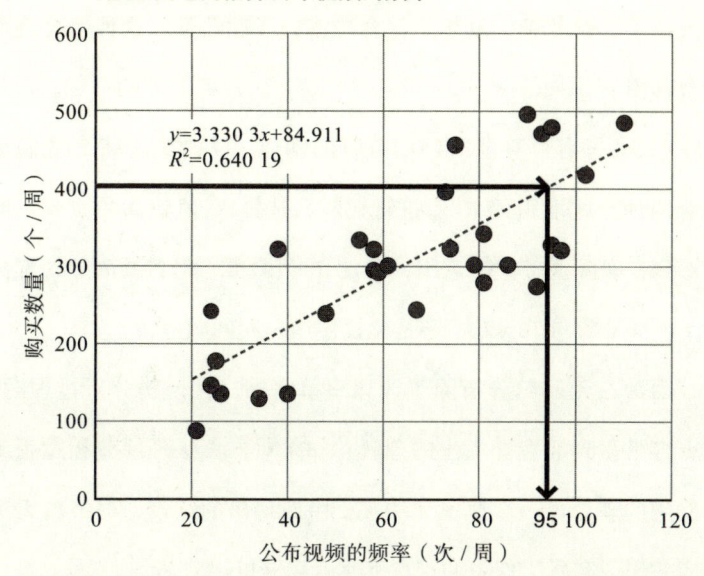

$y=3.3303x+84.911$
$R^2=0.64019$

后文还会专门介绍具体应用事例，希望这种方法能帮助大家告别只靠"毅力和热情"来制定计划的做法。当然，也可以先设定公布视频的频率，再根据回归方程计算能带来多少购买数量。

注意事项及应用事例

运用一元回归分析要注意以下两个问题。

一个是"数据之间必须具有单纯的比例关系"。与相关分析一样,一元回归分析的大前提是2个数据之间存在直线比例关系。情况或关系越复杂,就越不符合严密的线性关系。这种情况就不适合套用 $y=ax+b$。

Excel 也有计算曲线回归方程的功能。从理论上讲,我们可以对两种方式取得的 R^2 值进行比较,选择 R^2 值较高的方式。但考虑到在实际业务中的运用,即使 R^2 值略低,但只要高于一定标准(例如 0.25 或 0.49),还是建议使用一元回归分析。

因为一元回归分析除了计算简单之外,在说明分析过程时,也更容易得到非专业人士的理解。如果对方无法理解分析过程或所使用的理论,一般也就无法接受由此得出的结论,最终就无法达成共识。实际工作中的难点其实就在这里。

还有一个需注意的问题,即"离群值以及不同的数据选择范围,会导致分析结果产生很大不同"。这一点也与相关分析的注意事项一样。是否采纳明显偏离其他数据的"离群值",如何设定数据的范围(例如是过去半年期间的数据,还是一年期间的数据),分析者的不同判断会导致分析结果出现很大差异。也就是说,分析者每一个小小的决定都能操纵分析的结果。

当然,分析者必须要对离群值及数据范围等的处理方法加以说明。把手边所有的数据都用上,边做边看能得到什么结果的做法，无论准确度还是可靠性都无法令人信服。

一元回归分析是一种极其卓越的方法，只用 10 秒钟的时间就可以使用 Excel 计算出数据间的关系（回归方程或回归直线）。但工作中进行数据分析的最终目标并不是用数字来表示数据关系。只有数据关系得到了充分的运用，分析才具有价值。

那么，该如何运用呢？几乎所有的数据分析教科书都没有涉及。这也是很多人在实际工作中最大的烦恼。不同的业务、行业或者商业形态，具有无数种运用数据关系的模式。希望下面介绍的 3 个事例能为大家带来启发，成为大家在工作中应用数据分析时的参考。

事例 1　对比成本和收益

"把有限的资源（时间、成本）投入到哪里、投入多少才能发挥最大效率""现行的成本使用方式是否真能带来预期的收益"……尽管我们常有这些疑问，一般却不会去检验，而是任由资源浪费。那么接下来，我们就尽量具体地考虑一下，考察哪些关系，才能用数字体现成本与收益的关系。

计算"成本"和"收益"的数值关系，需要根据问题内容，确定具体是哪些指标（数据）代表成本与收益，否则就不知道应该使用哪些数据。首先看成本，我们需要定义它具体指哪些内容。例如是只有广告宣传费，还是也包括相关的人工费在内等。

对于收益，同样也需要明确此处所说的收益是用哪些数据衡量的。例如，除了常用的"销售额""销售额增长率"之外，还可以考虑"来店人数""咨询件数"等指标。

哪项指标最适合用来分析，取决于它能否充分体现出分析的目的，而且除了要考虑这种数据是否能收集到，还有一个前提是它与成本之间必须存在相关关系。图4-7以"广告宣传费"作为成本，以"来店人数"作为收益，对A店和B店的成本和收益进行了比较。

如果不用数值表示，而是直接站在店里观察来店的人数，会怎样呢？假设在使用了60万日元广告宣传费的那一周，A店观测到的来店人数约为500人，B店约为750人。B店的绝对数值更大，似乎可以得出"B店收益更高"的结论。只看来店人数多少的话确实如此，但是因为广告宣传而来店的人数和并非因为广告宣传而来店的人数是混在一起的，仅靠这一点并不能得知广告宣传（费）带来的真正收益。

A店的回归方程如下：

来店人数（1周的人数）=3.73 × 广告宣传费（万日元）+273.6

图 4-7　广告宣传费与来店人数的关系

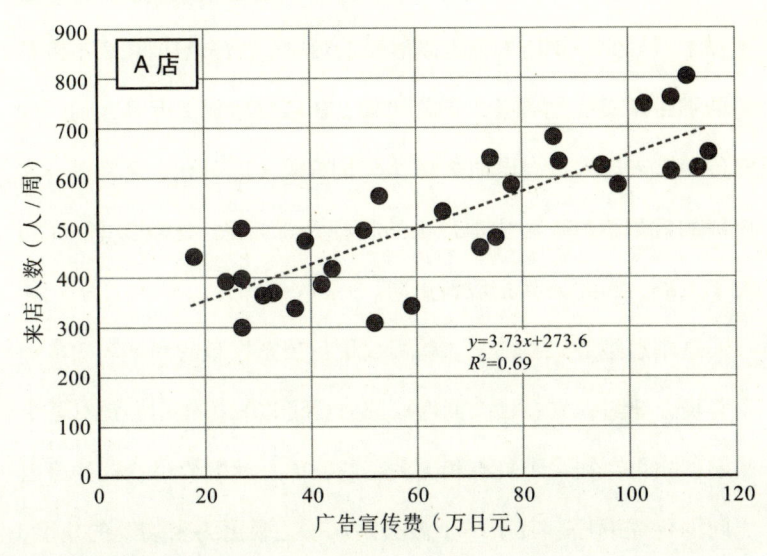

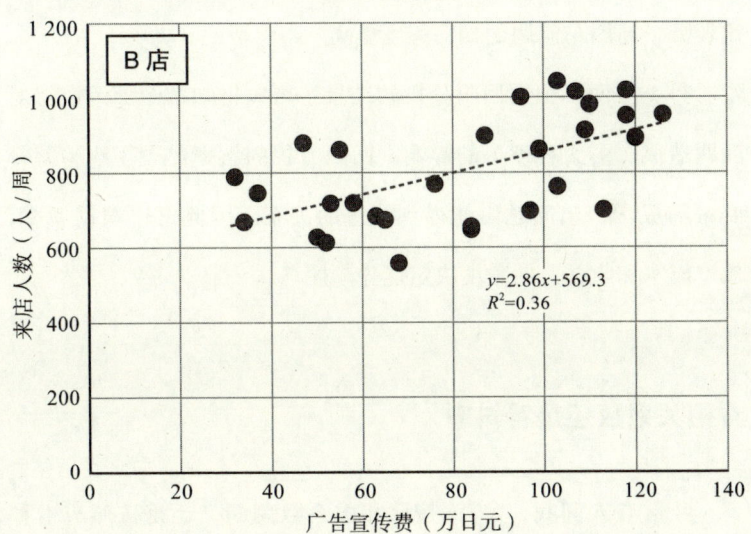

A 店

$y=3.73x+273.6$
$R^2=0.69$

B 店

$y=2.86x+569.3$
$R^2=0.36$

请大家注意，该方程的斜率为 3.73，这意味着广告宣传费每增加 1 万日元，来店人数可以增加 3.73 人。这个数值代表 1 万日元能够带来多大的收益。同样可知，B 店每增加 1 万日元的广告宣传费，来店人数会增加 2.86 人。同样是 1 万日元，用在哪一家店铺的效果更好（即成本带来的收益更高）呢？比较斜率，3.73 大于 2.86，因此 A 店的收益更高。

这个思维方式在前文"购买数量与公布视频的频率"的事例中曾经介绍过，它在锁定问题原因时也可以发挥作用。针对某个问题，如果存在多个具有相关关系的原因，就需要讨论这些原因之间的优先顺序。其中一个做法是从"关联更为密切"的角度，比较哪个原因与问题的相关程度更高。

另一方面，根据回归分析的结果，可以得知某个原因能够对问题造成"多大程度"的影响。回归方程的斜率体现了改善解释变量的成本，与问题由此得到改进的关系。因此可以根据斜率，从"成本和收益"的角度决定优先顺序。

看相关系数还是看斜率

经常有人问我，"应该按照相关系数判断，还是按照成本和收益的比较结果判断？"我一般会像下面这样回答。

"相关系数常作为筛选标准,与 0.7、0.5 等界限值进行比较,只要高于界限值就可以判断是相关。由于其中会包含误差等,所以并不按照其具体大小进行判断。对已经确定具有相关关系的数据,则可以运用回归分析来定量地比较或评价其影响。也就是说,可以从 2 个视角来看,用相关分析判断关联的紧密程度,用回归分析判断其影响大小。"

下面,为了进一步理解回归分析的结果,我们再来思考,同样使用了 60 万日元的广告宣传费,为什么收益低的 B 店的来店人数会更多。其原因在于,来店人数中包含了并非因为广告宣传而来店的顾客。我们可以从"理论上"计算出不使用广告宣传费(即 0 日元)也会来店的人数。在回归方程中,把 0 代入广告宣传费,其结果就是无论是否进行广告宣传都会来店的人数。

A 店:来店人数(人)= 3.73 × 0 + 273.6 = 273.6(人)

B 店:来店人数(人)= 2.86 × 0 + 569.3 = 569.3(人)

也就是说,即使没有广告,B 店仍然会有约 570 人来店,远远多于 A 店的约 270 人。这可能是店铺选址或商圈等方面的差异造成的。从使用 60 万日元广告宣传费时的来店人数(A 店约 500 人、B 店约 750 人)中,减去并非因为广告宣传而来店的人数:

A 店：500 − 约 270 = 约 230（人）

B 店：750 − 约 570 = 约 180（人）

可知，使用 60 万日元广告宣传费，A 店能够吸引来的人数比 B 店多约 50 人。在现实工作中，上述内容不进行零广告宣传费的试验，就无法得知。而运用回归分析，就可以轻松地计算出理论上的数值结果。这正是回归分析的魅力之一。

那么将 B 店的广告宣传支出削减为零，把所有费用都集中到 A 店会更好吗？当然没有这么简单。无限增加广告宣传费，来店人数就会成比例地无限增长，这种想法是不现实的。回归分析归根结底只是在所使用的数据范围内有效。而且不要忘了，正如前文介绍的，一元回归分析只是将现实世界嵌套在极其单纯"比例关系"模式中。它非常易懂易用，但也因为过于简化而存在缺陷。分析者应该了解这一点。

事例 2　合理分配资源

让我们再次来看 A 店的例子。假设 A 店根据来店人数的目标，计算出所需广告宣传费，并希望将该金额反映在年度预算计划中。例如，配合某月新商品上市，为了吸引更多的顾客来店，将目标设定为 3 200 人。单纯按照每月 4 个星期计算，则相当于每周 800 人。为了实现 800 人的目标，需要的广告宣传费如下：

$$800（人）= 3.73 \times 广告宣传费（万日元）+ 273.6$$

根据这个方程式计算，得知每周所需的广告宣传费约为 141 万日元，所以这个月（4 周）需要的预算约为 560 万日元。与缺乏可靠根据的预估金额相比，这种方法能够明确地体现出为达到什么样的数值目标，需要多少预算。这样不仅能够提高预算金额的准确度，提交高层管理者或上司审批时也更具说服力。

事例3 设定合理的 KPI

很多公司或者组织只是为了完成眼前的任务而努力，对"工作的最终目标是什么""如何评价工作的结果"等根本性问题都没有明确的定义。如果把"看上去是否努力"作为判断产出的晴雨表，除了会导致加班费无限增加之外，还会让员工看不到目标而盲目前进。这样的状态下，公司是无法取得可靠业绩的。

因此，KPI 受到了人们的广泛关注。不过很多组织虽然已经意识到 KPI 的重要性，并将其导入工作中，但实际上，很多 KPI 是随意决定的，或者只是对上一年度业绩稍做调整。

在下面的事例中，某设施为了增加使用人数（提高使用率），针对相关分析得出的原因，设定了理论上的 KPI。假设使用人数与使用满意度之间存在相关关系。

如图 4-8 上方的散点图所示，假设下一年度使用人数的目标为 2 000 人（该目标可以根据维持设施所需的最少人数等计算，也可以根据经营计划、中期计划等目标来设定）。

根据过去数据进行回归分析，可以倒推出使用人数达到 2 000 人所需达到的"使用满意度"。该事例可以得出以下回归方程式：

2 000（人）= 23.68 × 使用满意度（分）+ 174.7

计算可知，需要达到的使用满意度约为 77 分。从散点图上也可以确认到这个结果。那么，怎样才能让使用满意度达到 77 分呢？只提出"提高使用满意度"的口号，员工还是无法采取具体行动。于是接下来关注与试用满意度高度相关的"使用方便程度"，它是提高使用满意度的更进一步原因。然后像图 4-8 下面的散点图一样，对"使用满意度"与"使用方便程度"进行回归分析。与之前一样，可以用回归方程式反向计算出，使用满意度要达到 77 分，使用方便程度的分数需要达到约 66 分。可见，要实现 2 000 人的使用人数目标，使用满意度需要达到 77 分，为此需要将使用方便程度提高到至少 66 分。采用这个方法，便可以将

图 4-8 通过 KPI 实现使用人数目标

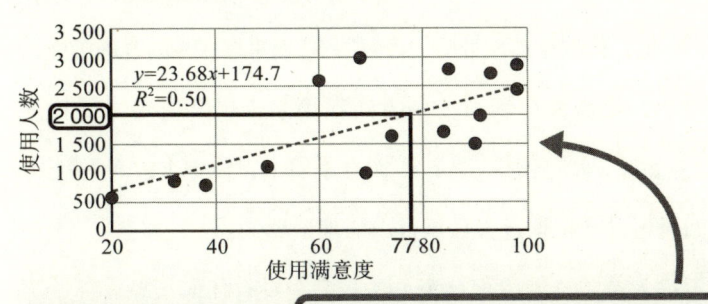

$y=23.68x+174.7$
$R^2=0.50$

	使用方便程度 （100 分满分）	使用满意度（100 分）	使用人数（人/月）
设施 A	87	98	2 434
设施 B	48	38	794
设施 C	73	60	2 593
设施 D	81	98	2 861
设施 E	84	96	2 715
设施 F	44	32	863
设施 G	76	68	2 987
设施 H	36	20	581
设施 I	35	50	114
设施 J	44	94	1 986
设施 K	58	90	1 501
设施 L	56	69	997
设施 M	54	74	1 633
设施 N	47	84	1 707
设施 O	51	85	2 788

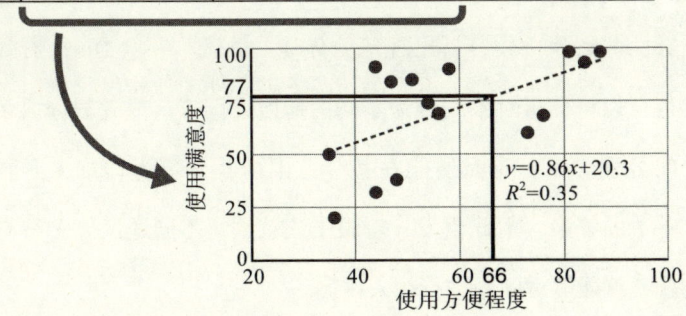

$y=0.86x+20.3$
$R^2=0.35$

KPI 分别设定为 77 分和 66 分。接下来便可以每月进行问卷调查，参考目标值，检测目前所处的"位置"，从而采取适当的改进措施。

当然，提高使用满意度的方法不仅限于提升使用方便程度（正因为如此，R^2 值也不是 1）。而且事实上，设定 KPI 的这个方法说到底不过是根据过去数据得出的理论数值。

不过，希望读者能把这个方法与完全没有任何指导方针、不设定目标终点、只是拼命努力的情况，或者毫无根据地把目标数值强加给一线工作人员的情况做一个比较。两者在进度管理的有效性、一线员工的接受程度等方面，应该都有很大差别。

我在日产工作时，曾经很多次绘制回归直线，比较斜率，从而考察某个行动（散点图上的横轴）对某个目标（散点图上的纵轴）来说是否有效，或者检验回归直线是否至少是向右上方倾斜的（即越采取行动越能产生效果）。对各种背景的人来说，这种方法都能够一目了然地展现出某个行动是否有效。

不过在现实中，也有很多情况无法顺利求出 R^2 值或相关系数，此时就比较容易出现意见分歧。虽然不一定 100% 有效，不过可以将分析对象划分为不同的地区或国家，或者划分成多个期间分别尝试，有时便能在某个范围内找到更为详细（不同情况下）的答案。由此出发，着眼于该范围（不同地区等）特有的问题，就能够对问题进行深入挖掘。

「解决问题的故事 4」

第四步：通过一元回归分析，发现车型 B 和车型 C 的不同问题

前面通过相关分析，已经得知车型 B 和车型 C 的问题原因分别为"相对价格"和"售后服务"。接下来考虑如何解决车型 B 的问题。

车型 B 的客户忠诚度在过去 6 个月里跌至约 60%。虽然 1 年多以前的客户忠诚度接近 90%，但马上恢复到当时的水平是不现实的，因此公司决策层提出的要求是，在 6 个月以内提高 25%，即将客户忠诚度恢复到 75%（60 × 1.25）。

如何使用数字将客户忠诚度 75% 的目标与一线作为行动目标的 KPI 联系在一起，这关系到后面的工作能否取得效果。

由于车型 B 的客户忠诚度与综合满意度之间的相关系数为 0.75，属于高度相关，因此可以运用一元回归分析考察二者之间的数值关系（图 A）。根据一元回归分析得出的回归方程式，可以计算出达 75% 的客户忠诚度所需的综合满意度分数。

图 A 客户忠诚度与车型 B 的满意度数据

	客户忠诚度（%）	车型 A（%）	车型 B（%）	车型 C（%）	车型 D（%）	综合满意度	售后服务满意度	产品满意度	同类产品价格比
1 月	80.4	20.0	96.7	83.7	88.0	98	98	75	0.95
2 月	71.0	64.7	90.9	85.3	43.1	100	95	85	0.81
3 月	69.4	50.0	83.3	81.1	55.4	88	50	95	0.96
4 月	78.4	21.4	76.9	91.3	87.9	64	77	100	1.05
5 月	66.1	46.7	84.0	87.5	52.9	82	81	85	1.19
6 月	81.7	100.0	71.4	75.0	91.3	72	62	30	1.04
7 月	83.3	36.4	91.7	87.5	85.3	98	70	55	0.93
8 月	69.1	85.7	90.0	90.9	40.4	68	50	40	0.95
9 月	70.1	64.3	81.6	72.4	60.4	90	86	25	1.05
10 月	82.2	40.0	90.3	85.7	78.2	89	48	35	0.98
11 月	62.8	23.1	80.0	77.8	47.1	91	100	40	0.91
12 月	64.9	50.0	65.7	60.6	76.5	97	22	70	0.90
1 月	66.9	50.0	74.4	61.3	74.7	75	40	70	1.29
2 月	61.3	50.0	62.5	69.8	50.4	65	80	60	1.02
3 月	68.6	44.4	62.5	64.9	87.5	55	50	75	1.24
4 月	68.4	48.0	64.3	69.2	91.7	59	42	65	1.30
5 月	64.8	76.9	48.7	59.5	97.9	69	66	70	0.92
6 月	53.8	50.0	57.1	51.2	55.5	33	32	55	1.33
7 月	55.2	26.7	51.1	61.1	84.7	48	55	60	1.07
8 月	67.3	90.9	66.7	61.8	75.4	48	97	70	1.14
9 月	55.1	26.3	62.2	50.0	68.5	55	73	55	1.04
10 月	54.8	33.3	60.4	54.8	60.0	57	96	95	1.19
11 月	52.7	20.0	66.7	50.0	64.4	44	72	40	1.21
12 月	59.3	55.6	56.7	52.6	93.3	31	35	95	1.24
与综合满意度的相关系数	0.64	-0.02	0.75	0.69	-0.19		0.26	-0.10	-0.72

客户忠诚度（75%）= 0.005 × 综合满意度 + 0.375 3

用这个方程计算综合满意度，约为 75（分）。

根据图 B 的回归直线，也可确认要实现"客户忠诚度 75%"，综合满意度需要达到 75 分。但是只有"使综合满意度达到 75 分"的目标，仍然无法得知"具体要将哪一方面改进到何种程度"。为此，还需要进一步落实到具体内容上。

图 B　综合满意度与客户忠诚度的关系（车型 B）

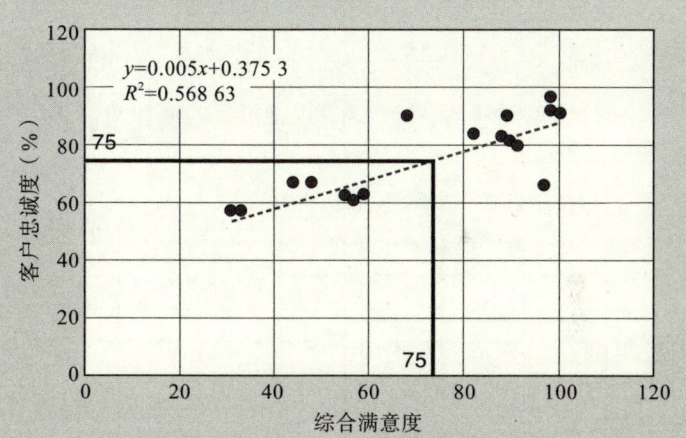

$y = 0.005x + 0.375\ 3$
$R^2 = 0.568\ 63$

通过分析原因，我们已经得知车型 B 的综合满意度与"同类产品价格比"高度相关。也就是说，车型 B 的用户对该产品与其他公司产品的价格差较为敏感，会影响满意度。

因此，对"综合满意度"与"同类产品价格比"进行一元回归分析，结果如图 C 所示。根据这个回归方程，可以计算出达到 75 分的综合满意度，需要将同类产品价格比维持在何种程度（与之前的思路相同）。

综合满意度（75 分）=
－103.35 × 同类产品价格比 + 180.55

计算得出的同类产品价格比为 1.02，即车型 B 与同类产品相比，价格高出 2% 之内属于容许范围，如果超过这个范围，从理论上看，综合满意度就很难达到 75 分。

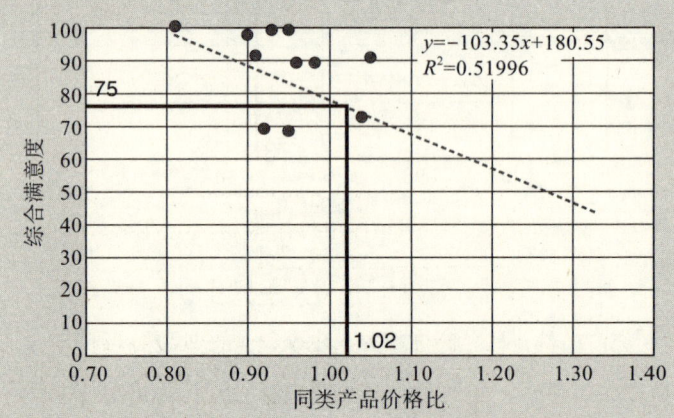

图 C　综合满意度与同类产品价格比的关系

$y=-103.35x+180.55$
$R^2=0.51996$

这样就可以采取措施，要求卖场的营业人员、销售公司随时监控同类产品的价格动向，为产品 B 设定同类产品价格 +2% 的价格界限值。然后，销售一线就可以针对价格、综合满意度等指标设定目标，为实现该目标而努力。

通过前文的分析，已经明确此项措施在逻辑上会直接关系到销售数量和销售总额等上级目标的提高。这样一来就可以通过故事（逻辑）将一线的措施与上级目标联系起来。

当然，还可以对上级目标进行一元回归分析，计算出客户忠诚度提高到何种程度，销售数量会如何变化，最终能达到多少的销售总额。

在实际工作中，很少有单纯凭借一个原因就能完全解决上级问题的情况。无论多么缜密的公式，应用到工作中时都难以保证完全跟预想的一样。一般都需要一线的监控和调整，才能使操作实现最优化。不过最开始有无理论上的目标和数值指标，会对其效果或效率带来差异。而且在需要提出对策或计划，获得上级批准时，这一点也会影响其说服力的大小。

车型 C 与车型 B 原因不同

接下来再看车型 C。车型 C 也与车型 B 一样，客户忠诚度与综合满意度高度相关，不过其综合满意度与"售后服务满意度"的相关程度较高（图 D）。

首先，根据对客户忠诚度与售后服务满意度进行一元回归分析的结果可知，要达到 75% 的客户忠诚度所需的售后服务满意度如图 E 所示。本来也应该像车型 B 一样，用"综合满意度"为媒介，先分析"客户忠诚度"与"综合满意度"，然后再分析"综合满意度"与"售后服务满意度"，一步步推进，这样更为细致和合乎逻辑。

不过这个步骤在车型 B 的部分已经讲过，所以对车型 C 就越过"综合满意度"，直接对"客户忠诚度"与"售后服务满意度"进行回归分析。由此可以计算出售后服务满意度约为 74 分（从图 E 中也可以确认）。

客户忠诚度（75%）=

$0.004\,8\,×$ 售后服务满意度（分）$+\,0.393\,3$

图 D　车型 C 的综合满意度与各方面的相关关系

车型 C 的客户忠诚度（%）	综合满意度	售后服务满意度	产品满意度	同类产品价格比
83.7	98	89	90	1.29
85.3	100	89	15	1.08
81.1	88	81	25	0.89
91.3	64	67	20	0.93
87.5	82	72	30	1.19
75.0	72	88	90	1.29
87.5	98	70	85	0.92
90.9	68	47	20	1.29
72.4	90	65	100	1.30
85.7	89	81	65	1.15
77.8	91	68	20	0.89
60.6	97	71	55	1.21
61.3	75	52	70	1.12
69.8	65	60	85	1.00
64.9	55	53	85	1.13
69.2	59	73	95	1.02
59.5	69	58	50	0.92
51.2	33	82	90	1.09
61.1	48	61	40	1.05
61.8	48	44	60	1.20
50.0	55	38	80	1.06
54.8	57	43	30	1.08
50.0	44	47	95	1.06
52.6	31	39	15	1.05
与综合满意度的相关系数		0.59	-0.07	0.09

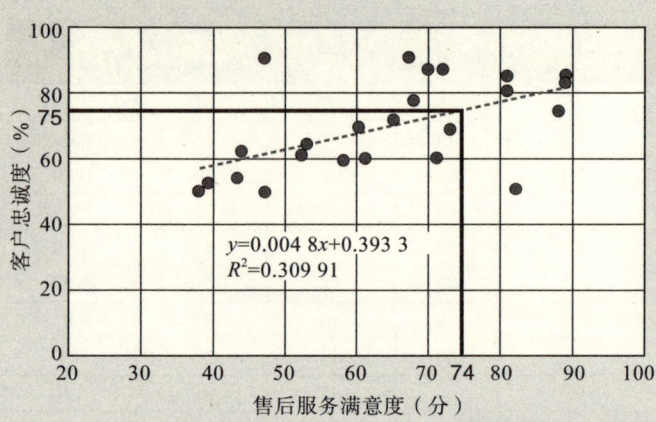

图 E　客户忠诚度与售后服务满意度的关系

$y=0.0048x+0.3933$
$R^2=0.30991$

　　接下来，为了将"售后服务"的概念与更具体的行动措施联系起来，我们调查了售后服务满意度会受到哪些具体因素的影响。图 F 是对 100 名来店顾客进行问卷调查的结果，其中包含了各要素与售后服务满意度的相关系数。

　　从结果可以发现，在 3 个要素当中，接待顾客时"服务态度"的好坏最为关键（相关系数为 0.66）。对售后服务满意度和服务态度进行一元回归分析，其结果如图 G 所示。经过计算可以得知，售后服务满意度要达到 74 分，服务态度分数需要达到 76 分。

售后服务满意度（74 分）=
　　0.6607 × 服务态度分数（分）+ 23.923

图 F　售后服务满意度与各要素的关联

	电话访问顾客的次数／年	服务态度分数	等候时间
	5	44	10
	7	32	14
	5	86	13
	15	87	3
	3	46	3
	15	98	3
	2	54	12
	7	91	13
	7	85	8
	…	…	…
与售后服务满意度的相关系数	0.06	0.66	0.12

图 G　售后服务满意度与服务态度分数的关系（车型 C）

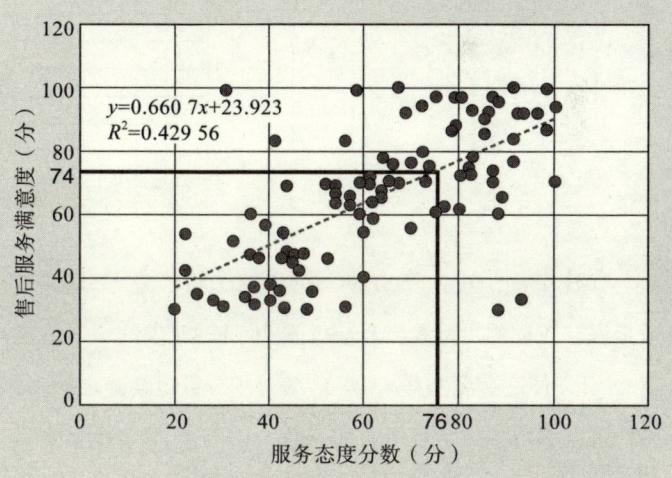

$y = 0.660\,7x + 23.923$
$R^2 = 0.429\,56$

那么，接下来需要考虑，采取哪些措施才能将服务态度分数提高至 76 分。首先，从所有服务态度分数当中，将未达到 76 分的分数集中到一起。在 Excel 中使用"IF 函数"，可以筛选出低于 76 分的数值。将分数高于 76 分的单元格清空，计算出其平均值（图 H）。

图 H　售后服务满意度与服务态度分数（76 分以下）的关系（车型 C）

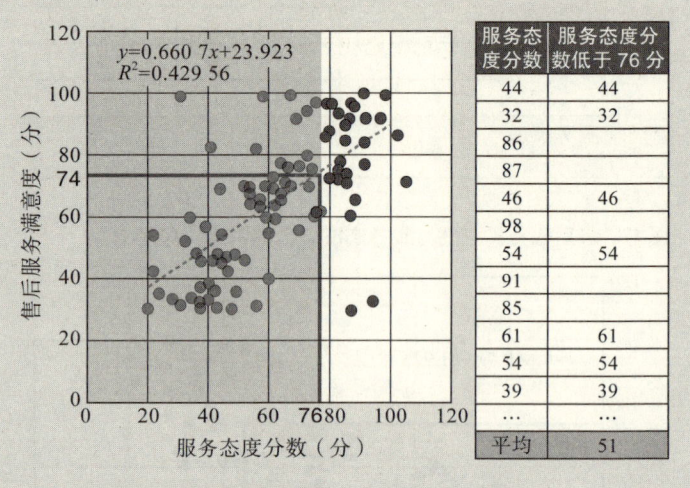

$y=0.660\,7x+23.923$
$R^2=0.429\,56$

服务态度分数	服务态度分数低于 76 分
44	44
32	32
86	
87	
46	46
98	
54	54
91	
85	
61	61
54	54
39	39
…	…
平均	51

在这个例子中，76 分以下得分的平均值为 51 分。也就是说，我们的目标是将目前低于 76 分的对象的平均值提高 25 分，使之达到 76 分（高于 76 分的分数也会随之提高，所以可以期待整体达到更高的分数）。按照以下条件实施服

务培训，以求提高分数的话，我们还可以针对所需资源做出定量预测（计划）。

将 KPI 设定为服务态度分数提高至 76 分（客户忠诚度达到 75%），作为成本，需要规划出 125 万日元的经费（图 I）。

图 I　定量预测实施前提及所需资源

培训的目的及水平	使对象的服务态度得分从平均 51 分提高至 76 分
实施培训水平及预计实施效果	服务态度培训中级（提高 5 分 /1 次）
所需次数	5 次（25 分 ÷ 5 分 /1 次）
单价	1 万日元 / 人次
听讲对象人数	25 人
所需费用总计	125 万日元（1 万日元 × 25 人 × 5 次）

无论实施什么措施，除了设定目标外，在提案中还必须包括费用等所需资源，决策者才能做出判断。否则即使设定了目标，没有最关键的经费来源，也有可能无法实施，而且决策者当然也会问及费用。这种情况下的理想做法也是尽可能以定量的、合乎逻辑的方式，说明为什么需要这些资源（费用、时间、工时等），由此可以实现哪些目标等。

这里只考虑了一个具体的行动措施，不过很多情况下需要讨论多种措施。这时就需要列出优先顺序，明确指出有限的资源能够实现的范围和实施顺序。决定优先顺序的标准因具体情况而异，一般可以按以下维度简单列举出来（图J）。

- 对目标影响的大小
- 实施难易程度（所需时间、技能、工时、总费用等较少的情况更为理想）

图J 确定优先顺序的矩阵图1

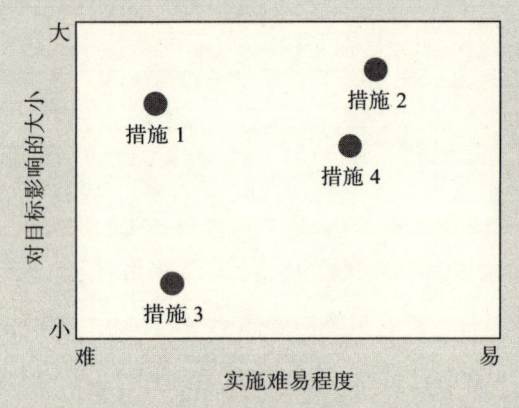

假设各措施可以形成图J所示的位置关系。位于右上方的措施最为理想，即"最易于实施，效果（影响）最大"。同样，将斜线逐渐向左下方移动，可以确定接下来的

第 4 章　制定对策，要依据"方程式"　163

优先顺序。因此，前面列举的 4 个措施可以确定以下优先顺序（图 K、L）。

　　优先顺序 1：措施 2
　　优先顺序 2：措施 4
　　优先顺序 3：措施 1
　　优先顺序 4：措施 3

图 K　确定优先顺序的矩阵图 2

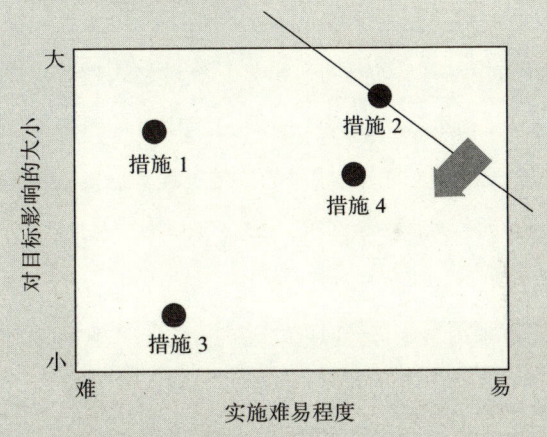

在这个过程中，如果资源有限或存在其他方面的制约，便可以首先集中力量实施措施 2 和措施 4。

各项措施的定位不一定要非常严密，不过为了在实施

图 L　确定优先顺序的矩阵图 3

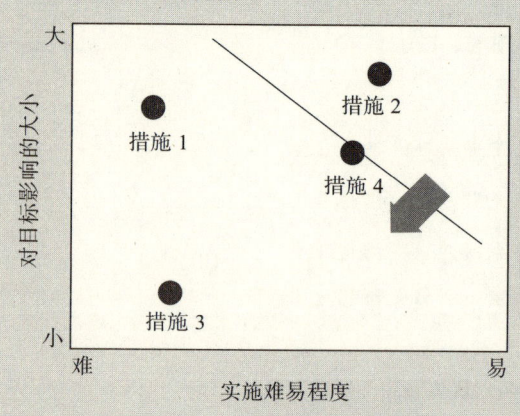

阶段得到相关人员的认可，最好是经过多人确认，最后落实为大家一致同意的内容。此外，运用这种图表（支付矩阵），从直观上展现优先顺序的决定过程，也更容易得到决策者的理解，可谓一举两得。

　　接下来的第 5 章会回顾之前的一系列"解决问题的故事"，作为对本书的总结。

第 5 章

用数据讲故事

根据每章篇末的"解决问题的故事",不知道大家有没有将每个单独的分析过程串联起来,形成一个完整的解决问题的故事?最后,我们再将前面的要点(故事),分为4个部分回顾一遍。

(1)第1章和第2章的重点是"明确目的或问题"及"大致把握现状"(图5-1)。与去年一年的月平均销售(额)相比,本年度最近一个月的新车销售(额)减少了约15%。对比本年度计划,可以确认约有10%的目标无法实现(图5-2)。

图5-1 明确目的或问题以及大致把握现状

```
                整理数据         分析数据
┌─────┐   ┌─────┐   ┌─────┐   ┌─────┐   ┌─────┐
│明确目的│→│大致把握│→│锁定问题│→│锁定原因│→│讨论及实│
│或问题 │  │现状   │  │的关键 │  │      │  │施对策 │
└─────┘   └─────┘   └─────┘   └─────┘   └─────┘
```

(2)第2章的重点是提出具体的论点,锁定问题的关键(图5-3)。得出"问题在于客户忠诚度"的结论之前,我们经过了以下讨论:

- 新车销售额减少不是价格（保持在 ±5% 之间）降低造成的，而是销售数量减少造成的（图 5-4）。
- 销售数量减少不是首次购买数量（基本维持不变）的减少造成的，而是再次购买数量的减少造成的（图 5-5）。
- 再次购买数量的减少不是再次购买对象人数的减少造成的，而是对本品牌产品的再次购买率（客户忠诚度）降低造成的。也就是说，顾客在再次购买汽车时，选择其他公司产品的比例增高了。

图 5-2　新车销售总额的变化

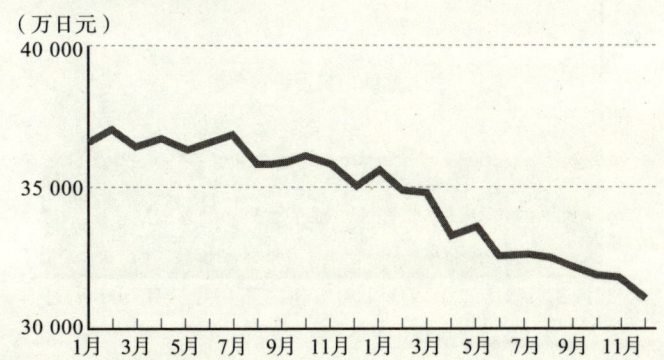

图 5-3　锁定问题的关键

明确目的或问题 → 大致把握现状 → 锁定问题的关键 → 锁定原因 → 讨论及实施对策

整理数据　　分析数据

图 5-4 新车销售数量的变化

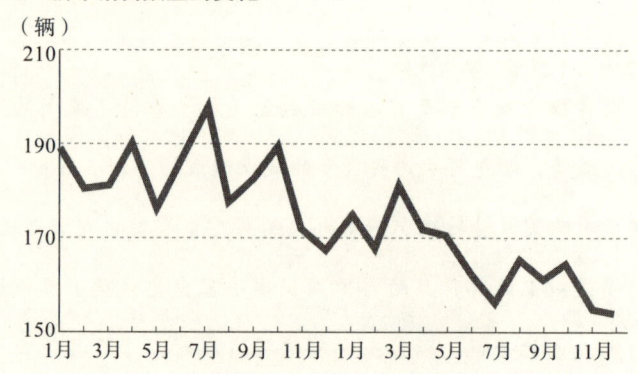

（辆）

图 5-5 新车销售数量明细的变化

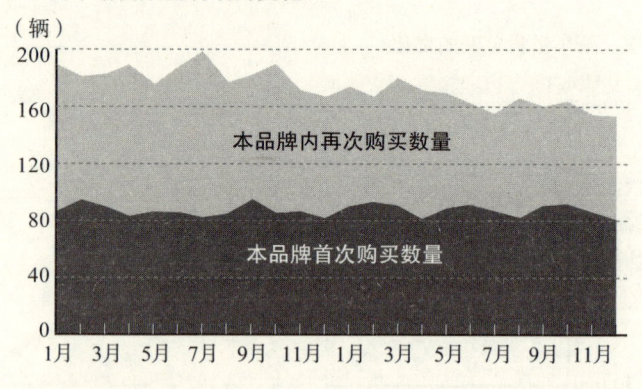

（辆）

本品牌内再次购买数量

本品牌首次购买数量

接下来，将问题关键锁定为"车型 B 及车型 C 的客户忠诚度"的过程如下：

- 根据对整体销售数量的影响，应该关注的对象车型依次为车型 B、车型 C 和车型 D（图 5-6）。

- 其中，客户忠诚度下降的是车型 B 和车型 C（图 5-7）。

图 5-6　各车型新车销售比例

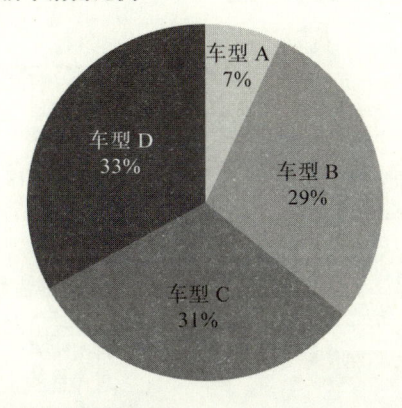

图 5-7　各车型客户忠诚度的变化

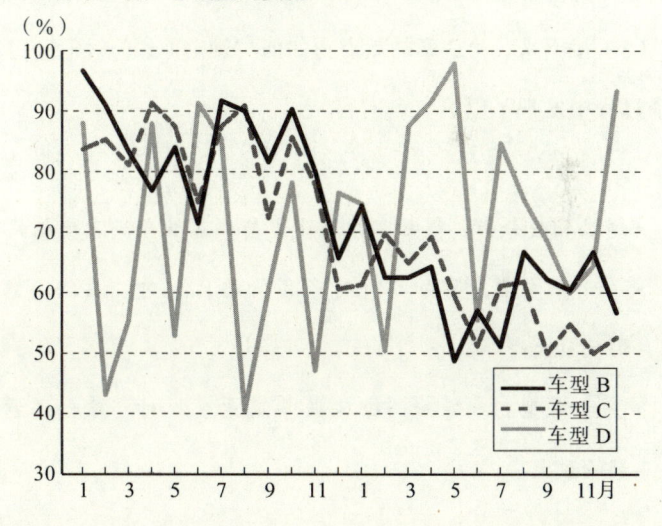

根据上述内容，我们将问题关键锁定为"车型 B 和车型 C 的

客户忠诚度"。至此为止的整体逻辑结构如图 5-8 所示。

图 5-8　锁定问题关键的逻辑构造

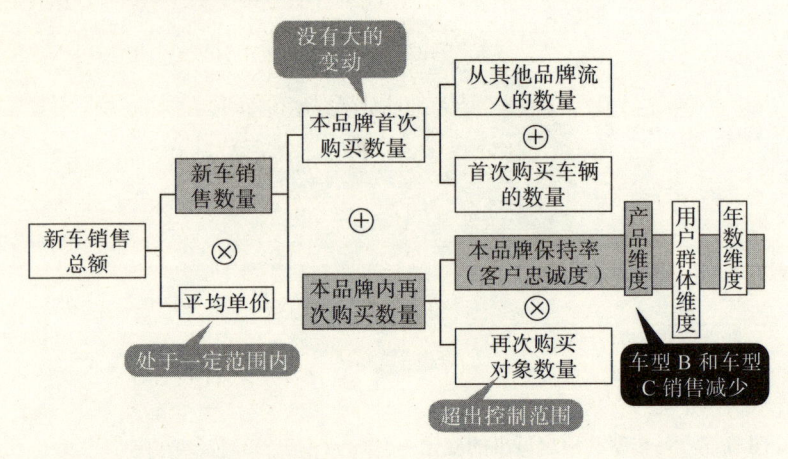

```
                          ┌─ 没有大的变动 ─┐
                          │               │
                    ┌─ 本品牌首次 ──┬── 从其他品牌流入的数量
                    │   购买数量    │         ⊕
         ┌─ 新车销 ─┤              └── 首次购买车辆的数量
         │   售数量  │                                    ┌─产品维度
新车销售─┤    ⊗    ⊕                                     ├─用户群体维度
总额     │         │                                     └─年数维度
         │         │   本品牌内再 ──┬── 本品牌保持率
         │         └─  次购买数量    │  （客户忠诚度）    车型 B 和车型
         │                          ⊗                    C 销售减少
         └─ 平均单价                 └── 再次购买对象数量
              处于一定范围内                  超出控制范围
```

（3）接下来，第 3 章的重点为如何"锁定原因"（图 5-9）。在这个过程中发现了以下三点内容。

- 通过相关分析，得知客户忠诚度与顾客综合满意度相关

- 关于车型 B，得知"同类产品价格比"对"综合满意度"影响最大

- 关于车型 C，得知"售后服务满意度"对"综合满意度"影响最大

也就是说，通过以上过程，发现销售减少的主要原因，车

型 B 是"与竞争对手的价格比",车型 C 是"售后服务满意度"。经过进一步挖掘,还可以得知车型 C 的"售后服务满意度"受"服务态度的"的影响最大(图 5-10)。

图 5-9　锁定原因

整理数据：明确目的或问题 → 大致把握现状 → 锁定问题的关键

分析数据：锁定原因 → 讨论及实施对策

图 5-10　深入挖掘客户忠诚度下降的原因

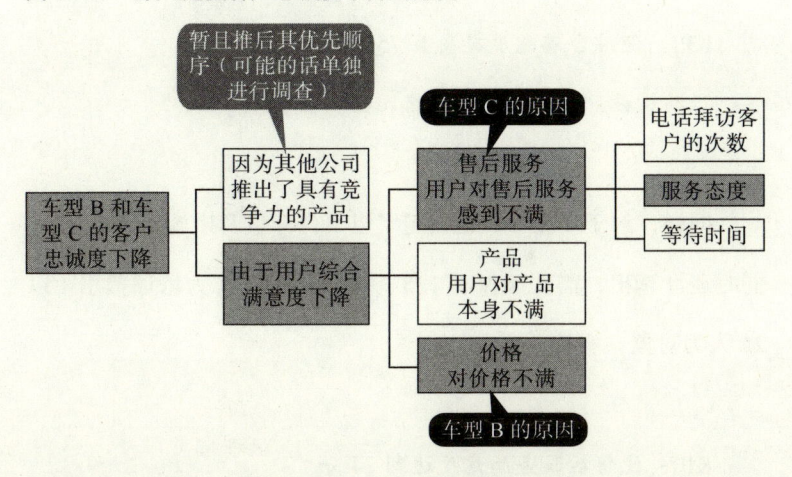

车型 B 和车型 C 的客户忠诚度下降
- 因为其他公司推出了具有竞争力的产品（暂且推后其优先顺序（可能的话单独进行调查））
- 由于用户综合满意度下降
  - 售后服务　用户对售后服务感到不满（车型 C 的原因）
    - 电话拜访客户的次数
    - 服务态度
    - 等待时间
  - 产品　用户对产品本身不满
  - 价格　对价格不满（车型 B 的原因）

此外,还有一些要点未能在上述分析中涉及,如"再次购买对象数量"的变化,其他公司产品可能对客户忠诚度产生的影响等。

针对这些内容,本来还应该做进一步调查。因为这些都是公司外部的原因，往往容易被漏掉。与外界信息相比，公司内部的数据当然更容易获得，也更容易受到关注。人们的意识常常只集中在能够看到的范围之内。我们在随时关注身边信息的同时，还应该养成习惯，经常提醒自己"还应该关注其他范围"。

（4）第4章是最后"讨论及实施对策"的阶段。根据回归分析的结果，车型B为了使客户忠诚度达到75%，设定了以下目标值及行动措施，并传达给各位销售人员（图5-11）。

KPI：使综合满意度提高至75分

行动措施：将同类产品价格比控制在+2%以内

同样，对于车型C，也设定了以下目标值及措施（图5-12）。同时还计算出，需要确保有125万日元的预算作为培训费用（以25人为对象，实施5次）。

KPI：使售后服务满意度达到74分

行动措施：实施培训，将服务态度分数提高到76分以上

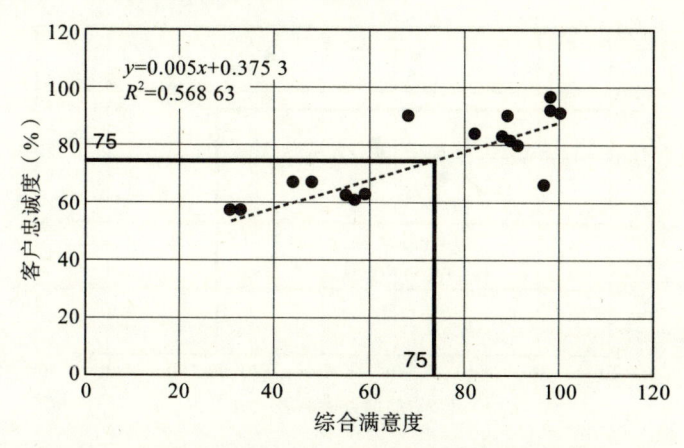

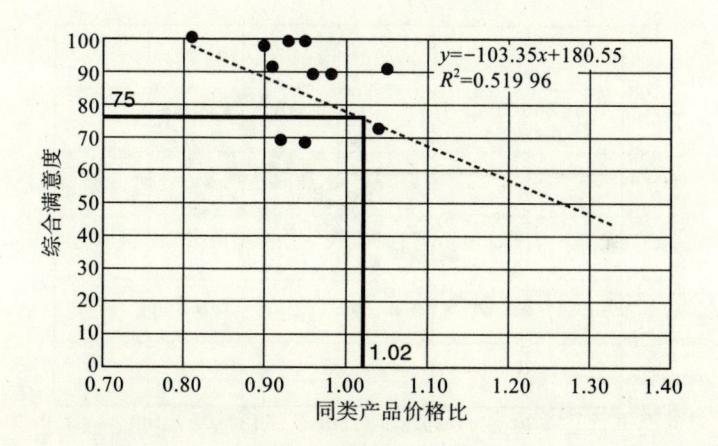

图 5-11　为实现目标设定 KPI（车型 B）

上图：
- 纵轴：客户忠诚度（%）
- 横轴：综合满意度
- $y=0.005x+0.375\,3$
- $R^2=0.568\,63$
- 标注：75、75

下图：
- 纵轴：综合满意度
- 横轴：同类产品价格比
- $y=-103.35x+180.55$
- $R^2=0.519\,96$
- 标注：75、1.02

图 5-12　为实现目标设定 KPI（车型 C）

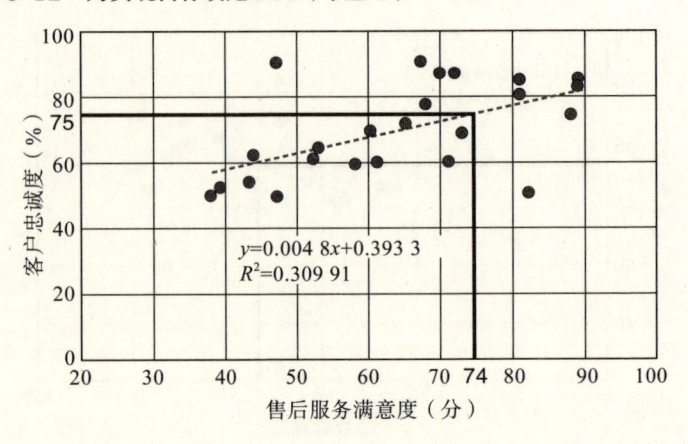

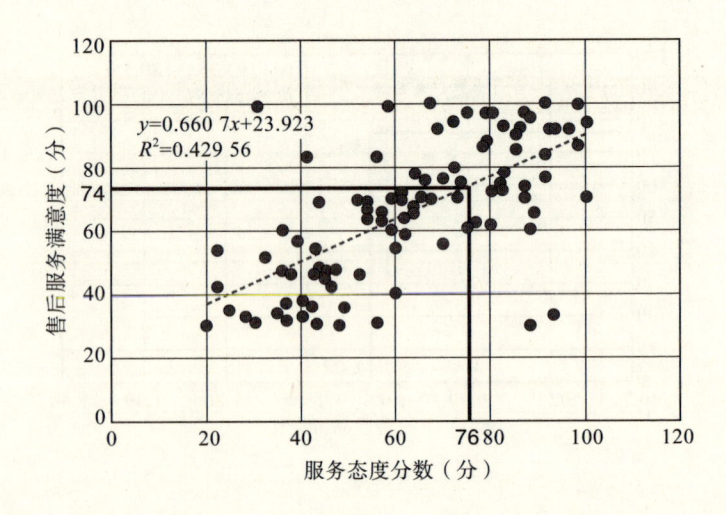

$y=0.004\,8x+0.393\,3$
$R^2=0.309\,91$

$y=0.660\,7x+23.923$
$R^2=0.429\,56$

解决问题的故事

以上解决问题的故事可以总结为"明确目的或问题"→"大

致把握现状"→"锁定问题的关键"→"锁定原因"→"设定行动措施及 KPI（和所需资源）"。其实，这与医生为患者看病并开出处方的过程有很多共同点（图 5-13）。

无论解决什么问题，都需要这样一步步锁定对象，摸索原因。不过实际工作中，我们未必能马上获得自己所需的数据，常需要对假设进行重新调整，反复尝试多个回合。在假设和检验的过程中循序渐进，将所发现的事实和逻辑一层层积累起来，这个过程对任何问题来说都是相同的。

图 5-13　医生看病与解决问题的过程的比较

过　　程	提出问题	医生看病	解决问题的过程
明确目的或问题，大致把握现状	表现为哪些现象（症状）	自前天起腹痛	新车销售额比前年减少了 15%
锁定问题的关键	哪里出了问题	胃痛	问题为车型 B 和车型 C 的客户忠诚度
锁定原因	为什么会出现这个问题	吃得过多	车型 B：同类产品价格比的问题 车型 C：服务态度的问题
研究及实施对策	需要何种对策	一周内控制饭量，服用胃药	车型 B：设定价格比上限 车型 C：进行服务态度培训

那么，这些工作对解决问题能产生多大作用呢？数据分析并不是到考虑对策就结束了。本书没有针对所有问题讨论所有的对策，不过我们可以粗略地了解一下，前面 4 章的内容能够对解决问题产生多少效果。

首先，最近的销售额减少到了 3.1 亿日元。其中首次购买部分与再次购买部分各占一半，所以假设再次购买部分为 50%。根据各车型销售比例饼状图可以得知，车型 B 与车型 C 加起来共占 60%。本次主要针对这 60% 的部分锁定原因，并提出了改善措施。假设通过一系列措施实现了公司决策层设定的目标，成功地将客户忠诚度提高了 25%，则可以按照下面的公式计算出由此增加的销售额。

在细节方面，计算比例时也许可以采用不同的计算方法（以何种数据为母体、以金额还是以数量计算等），也可能会有误差。不过只要能把握大致规模，基本上这样就可以了。

31 000（万日元）× 50%（再次购买部分）× 60%（车型 B 与车型 C 所占比例）× 25%（通过相应措施得到改善的部分）= 2 325（万日元）

这意味着公司的销售增加了 7.5%（= 2 325 ÷ 31 000）。最初的问题是销售额减少了 15%，那么现在这个结果就是可以恢复一半。以现有资源为前提，使销售额的减少额恢复一半，这样的成绩还是相当不错的。接下来，下一期可以在此基础上完成剩余的一半（或者同时采取其他措施，完成剩余的一半）。

在解决问题的过程中，上级目标被落实为具体的 KPI，既便于业务一线人员理解和运用这些 KPI，同时也有利于管理者对最终影响进行定量把握。

如果不知道所采取的措施能产生多大作用就贸然实施，目的就有可能变成了"实施"。既然是从定量的角度解决问题，当然最好也能从定量的角度跟进所采取的措施和结果。

把解决问题的过程展现出来

需要将措施或预算提交给决策者时，将相关信息条理清晰地展现出来，会取得更好的效果。当然，对于有些听众来说，先陈述结论（希望得到批准的措施、预算等）会比先陈述理由（锁定的原因）效果更好一些。

我在日产工作时，会根据对象是外国人还是日本人，而有意改变结论的位置。日本人大多习惯于从头开始依次说明，把想说的结论放在最后。但对外国人照搬这套流程，则很可能会引起对方的烦躁。可能还不到几分钟，现场就会陷入"你到底想说什么"的气氛中。

既然目标是让对方听了自己的说明，能够理解内容并做出决定，那么就应该根据对方的情况在表达方式上"下点功夫"，这一点在多元化组织中尤为重要。不过在任何情形下,都不要打乱得出结论的逻辑和流程(即故事)。

此外,与解决问题的中间过程、分析内容相比,对方可能更想先知道结论及其根据。因此,面面俱到地介绍分析过程中的所有详细内容未必是上策。多数情况下,这些内容都是在被问到的时候稍加说明就足够了。

有些人制作演示资料或者报告时,会密密麻麻地写满详细的文字或图表。这种"不知道哪些地方会被问到,所以就全都写上"的心态,还是放弃为好。我们应该把时间和精力用来考虑"核心信息是什么""对方想知道什么"。

在组织中使用数据的价值与难点

越来越多的人认识到,当今时代已经不能再依靠以人为本的"老方法"取得成果了。新的环境要求人们采用全新的工作方法。人们不能再凭直觉或经验,随随便便地决定工作怎么做了(过去也许可以)。

世界的复杂程度和前进速度都今非昔比,仅靠自己或所属组织的经验已经无法应对所有问题。值得庆幸的是,收集数据的技术和系统也获得了长足发展,我们可以充分利用这些有利的条件。

做到这一点，并不一定需要高难度的分析方法或者昂贵的系统投资。提高工作当中的数据运用能力，即提高员工的分析技能，从长远来看也有助于增强公司的竞争力。

日产公司长年坚持在世界各地的组织中推行提高"解决问题能力"的活动。因此逐渐形成了一种机制，确保不同工作岗位、不同国家之间拥有共同的流程或语言。经过共同的流程得出的结论，不用经过决策者逐一确认，也能在一定程度上保证其可信度及内容的水平。

不过尽管日产如此积极地推行"使用数据"的工作方法，除了部分专业部门之外，大部分员工在这方面的能力仍然远远不够。外籍经理或高层管理者的要求不是"循序渐进地学会使用数据"，而是"从明天开始就要在提案中体现出来"。"用数字工作"已经与"用英语交流"一样，成为员工必须具备的条件。

为了确保多元化人才聚集的大型组织能够顺利决策，迅速有效地推动业务发展，数据分析已经被视为一项核心技能。

无论是未知领域的业务，还是新组建的事业，只靠自己过去的经验都未必能得出正确的答案。个人的经验或知识实在有限，仅凭这些已经无法确保工作顺利进展。

通过有效运用外界的数据信息，无论是个人还是组织都能够获得爆炸式增长。同时，及时发现效率低下或徒劳无功的工作，不断加以改进，还可以削减那些"本来已经没有效果，只是为了维持现状而运行"的项目等。无论是对希望用更少的人员获得更多业绩的公司来说，还是对在公司中工作的个人来说，这都将是一个幸福的结局。

不过，也有一些人或组织很难从心理上立刻接受这种用符合逻辑的客观数据来推进工作的方法。有时甚至还会出现"靠纸上的数字能知道什么""只说些冠冕堂皇的漂亮话，什么问题也解决不了"等否定态度。这种情形下，即使努力进行分析，仍然有可能会碰壁。

尤其是到了"解决问题"的阶段，不可避免地要得出"问题在于XX""是XX的问题"等结论。这时，很难想象相当于XX的部门或负责人会心悦诚服地接受这个结论。

我在专门负责日产内部改革的部门工作时，高层管理者要求我推行彻底的"改革"，而不是改善。改善说到底仍处于现状的延长线上，只是变得更好，因此人们的抵触也比较小。而改革大多是要否定现状，创造出新的东西，对组织和个人的影响都比较大。这种情况下，如果直接用数字抛出符合逻辑的道理，几乎不可能取得预期效果。

因此，我会尽量避免一个人依照本书介绍的这一系列流程（虽然从理论上、技术上我可以做到）开展工作。我总是随时与相关人员分享分析的过程，必要时与他们展开讨论，了解对方的想法和困惑。此外，我还注意花时间把自己的工作详细介绍给对方。因为如果等到一切"答案"都揭晓以后，才突然把结论告诉对方的话，可能会遇到远远超出想象的抵触。

与问题相关的人未必都持有合理且客观的目标。与公司或组织的利益相比，他最优先考虑的可能是自身利益。所以我也需要了解关键人物的真正的目标是什么，包括公司内部的政治背景，从而尽量在他的目标与解决问题的合理目标之间找到共同点。

当然，并不是所有的情况下都能找到合适的解决方法。有时双方的分歧无法消除，只能到最后关头由最高决策者来判断。这时，依据客观数据把握现状并锁定原因才更具有绝对价值。因为双方感情用事相互顶撞，是无法做出合理判断的。

这些因素不只是专业的数据分析人员，更是"商务人士"所特有的技能，是"干好工作"的条件之一。

你能用数字推翻众人的理解吗

我在日产工作期间，遇到过最困难的工作之一是"用数字来证明多数人的理解都是错的"。我当时的工作是针对高管认定的问题进行分析并提出对策。这种情况下，可以收集一些相关数据，做做表面文章，然后归纳出一个故事，汇报说"确实是这里有问题，因此我认为应该这样来改进"等。这样做最"轻松"，也不会在公司里掀起波澜，是一种"稳妥"的方法。

但我依据自己的亲身体验，实在无法认为高管指出的就是真正的"问题"。于是我收集了大量数据，最后证明"问题不在这里"，得出了完全相反的结论。"XX不是XX"就好比"没有鬼"一样，是很难证明的。

此外，组织内部还有一些压力，例如认为"明明是高管指出的问题，你（提出反对意见）是作何打算"等。因此无论从技术上，还是从心理上，我都要面对一个棘手的难题。

我并没有这个问题所涉及领域的实际业务经验，不过这次经历教会我的是，只要认真收集数据，条理清晰地解读事实，就算无法100%证明正确，也仍然能够得出具有一定可信度的结论。对于大家都在主观上认为是"A"的问题，我凭借数据的力量，提出"不是A，而是B"的结论。

当时有一位外籍董事支持我的观点，他主动替我向最高层主管进行了演示和说明。就算是为了不辜负他为我承担的风险，我也要仔细地确认事实，构建出严密的逻辑根据，以求万无一失。这项提案果然获得了高层的认可。

由于我的坚持和努力，大家没有成为"本来没有问题的问题"的牺牲。此外，因为需要各个方面的数据、信息以及协助，我通过这个项目得以在公司构建起牢固的人脉网络。一年半以后，我没有任何经验却获得了财务部的职位，这是我在日产工作的最后一个岗位，也是当时那位外籍董事介绍给我的。

更上一层楼（高级技能简介）

前面介绍的这些技能，能够用来解决所有行业中的问题。那么掌握了这些技能之后，还可以再学习、积累哪些内容呢？

接下来我们既可以力争解决多种问题，积累经验，也可以掌握一些难度更高的技能。作为更高一级的内容，我想介绍2种方法。感兴趣的读者也可以阅读相关书籍来加深理解。

（1）多元回归分析

第4章介绍的回归分析因为只涉及2种数据，所以被称作"一元"回归分析。一元回归分析可以说是将现实世界极度简化的一种模型。对有些分析所要求的准确度或目的来说，这种模型就足够了。

不过，例如考虑"销售额"时，恐怕无法只用产品、价格、顾客等当中的1个原因进行说明，而是需要分析多个原因的综合作用，这样才更接近现实。

"多元"回归分析的方法可以实现这个目标。与简单的一元回归分析相比，多元回归分析能够考虑更为复杂的要素，难度更高，其结果也更具有说服力。我们可以将一元回归分析和多元回归分析得到的结果放在一起，对比其不同之处（分析结果为虚拟数值）。

一元回归分析：销售额（日元）= 来店人数（人）× 35.2 + 50 000

多元回归分析：销售额（日元）= 来店人数（人）× 40.8 + 减价率（%）× 14.9 + 宣传单投放频率（次/周）× 20.5 + 85 460

看到这里，可能有人会说，"那么就不要用一元回归分析，都用多元回归分析吧"。然而考虑到实际情况，并不能这样说。就我自身而言，除了极为特殊的情况，一般不会在培训中介绍多元回归分析，或者在实际工作中推荐别人使用多元回归分析。

在 Excel 加载项中有"分析工具"，其中包括回归分析，我们可以用它来进行分析（详细请参照本书 105 页对 Excel 加载项的介绍）。试用一下就可以发现，多元回归分析的结果恐怕会让很多人都大吃一惊，而我也完全能理解他们的心情。

因为其结果并不是用"销售额=……"的公式来表示的，而是一下子列出"自由度""必然F""标准误差""t""p值"等很多让初学者不知所措的专业词汇。这些数值主要是用来评价分析结果是否可靠的。

如果只看"系数"栏，也可以写成方程式，但其前提是要对该方程式在统计学上的可信度进行评价，之后才能用于实际工作。要想得出准确的分析结果，这一步是不能省的。

具体方法是看各系数的"p值"，当它低于5%（0.05）时，该系数为零（即该系数不产生影响）的可能性在统计上很小，因此可以作为回归分析的结果来使用。相反，如果"p值"超过5%，则需要剔除这个系数，重新进行回归分析。

为什么需要考虑p值呢？其主要原因与"多重共线性"有关。多重共线性（multicollinearity）指如果多元回归分析的解释变量之间存在相关关系，其相互影响会导致分析得到的系数失真。

例如前文对"销售额"的分析中，如果"宣传单的投入频率"与"来店人数"各自独立的话没有问题，但如果投入宣传单也会对来店人数产生影响的话，就有可能引起多重共线性的问题。也就是说，多元回归分析的前提是，解释变量之间不相关，各自独立。否则，就无法准确计算出各变量的系数。

按理来说，我们可以先计算解释变量之间的相关关系，然后只选择不相关或相关较低的变量进行多元回归分析。但在实际工作中，这个问题非常棘手。

为了确保不产生多重共线性问题，需要反复改变变量的组合，多次进行多元回归分析，确认整体结果，这样会耗费大量精力。而且如果数据有限，那么也很可能出现下面的情况，即尝试了现有数据的各种组合，但都存在多重共线性问题，数据根本派不上用场。

我也曾经有幸找到合适的变量组合，从而得出高准确度和可信度的分析结果，但也有过很多次大费周章最后却徒劳无功的经历。

对多重共线性、分析结果的统计学评价等问题，如果分析者不具备一定程度的知识和经验，在遇到"这个结果真的正确吗"的质疑时，就只能含糊其辞地回答"应该是的……"。在事关重要经营判断的场合，一知半解地使用多元回归分析得出结果，从各个角度来看都伴随着较大风险。

虽然写了这些批判性的观点，但我并非完全反对使用多元回归分析。在理解了这些难点和前提条件的基础上，运用难度更高的数据分析，有时也可以获得更多的知识。

此外，多元回归分析是多变量分析的典型方法。不用自己分析，而是将分析工作外包给外部公司去做时，为了便于与专业人士沟通，或者更好地理解收到的分析结果，我们都可以了解一些多元回归分析的方法和注意事项。

下面再介绍一下多元回归分析广阔的应用范围及其真正实力。多元回归分析也分几种不同类型。例如数量化一类分析可以定量表示男女、天气、季节（春、夏、秋、冬）等定性变量，对其进行回归分析。该方法将定性项目置换为虚拟变量"1"和"0"。例如用 1 表示男性，用 0 表示女性。通过回归分析，可以得出类似"下雨天销售额会增加 10 万日元""春季来店人数会减少 500 人"等结论。

此外，在市场营销领域，还有叫作"logistic 回归分析"的方法。该方法可以用于被解释变量是定性变量的情形。例如预测顾客对某个活动做出反应的概率等。这种分析所需的数学背景要比基于比例关系的普通回归分析更为复杂。

除了 Excel，还可利用各种应用软件进行多元回归分析。但即便使用应用软件，也需要分析者对包括多重共线性问题等分析做出必要的判断和调整。我们不能把数据导入软件，就毫无保留地信任和使用软件得出的答案。为此，也需要具备基本的数据理解能力和分析能力。

（2）样本与总体（假设检验）

我们要明白，用于分析的数据并不代表"全部"，这一点极其重要。例如,假设我们想使用会员数据来分析顾客的购买行为。但这些数据只是愿意成为会员的"积极顾客"。即使能够收集到所有顾客的数据,也仍然不能确定它对于了解新顾客的特性可以发挥何种程度的作用。

这里需要注意两件事。一是在实际工作中,用于分析的数据大多是"现有数据"。因为是能够获得的有限数据,所以就有可能会产生偏颇。还有一个注意事项,即使是根据分析目的,有计划地调查或收集到的数据,它们也都是样本数据,而不是所有数据。

这些理所当然的事情,却常常被忽视。无论使用多么高级的分析工具,进行多么无懈可击的分析,如果最关键的输入数据有问题,其结果就会质量堪忧。

对于上述第一个注意事项,并没有根本的解决方法,因为"没有的东西(数据)就是没有",不过至少分析者需要了解,自己所采用的数据属于哪个范围,它对于目的来说处于何种定位。很多情况下,我们获得的数据大多只是与"眼前的问题"相关的数据,例如"新宿店的商品A的销售数据"等。可能我们想针对商品A或者新宿店销售减少的状况进行分析,但仅凭这项数据只能获得半径几十米范围之内的信息。

如果能获取其他店铺、其他商品等数据,分析的视点就可以扩大到"公司内部"。接下来应该考虑的是,"只是本公司内部的问题吗",这样视点就能扩展到与外部的竞争。于是还需要竞争对手、同类产品的数据。

接下来,如果要考虑开发过去对这种商品及竞争对手产品都不感兴趣的新顾客,从而改善销售情况的话,只看销售业绩的数据还不够。因为销售数据显示的只是已经购买该商品的顾客的行为和判断。这个范围之外的人也许会做出其他判断或行为。此时就需要另行调查或者收集其他数据。

那么,关于样本数据应该怎么做呢?我们需要了解统计分为"描述性统计"和"推断性统计"。描述统计指使用平均值、标准差等统计指标来整理或展现多个数据的特征。推断统计指根据作为样本收集的数据,来推断所有数据(总体)的特征。

大多数分析所用的数据都是样本数据,因此必须了解分析的前提是用样本数据来代表总体。严格来说,采集数据样本时也需要注意一些问题,防止出现偏差。

不过在实际的日常工作中,常常由于时间和精力有限,即使在一定程度上牺牲准确度,也会利用现有的数据进行分析。也就是说,学术上的严谨性与实际工作之间需要达到平衡。

虽然大数据时代有可能为我们提供庞大的数据用于分析,甚至不用区分样本与总体,但从一般的工作角度来看,可以说这只是特殊情况。因此，作为根据样本数据推断总体特性的方法，接下来介绍被称为"检验"的统计方法。

例如，假设让随机抽选的男女顾客各50人为新开发的糖果产品打分，对平均分进行比较。结果是女性顾客的平均分高于男性。那么是否可以认为"该产品更受女性欢迎"，把重点放在面向女性的广告上呢？如果不考虑样本或总体的问题，只根据合计100个数据很可能会得出这样的判断。

但请仔细考虑一下。我们能够断定上面2个平均值的差异不只限于样本，而是总体（例如该糖果的整体市场）也"存在差异"吗？还是说如果选取其他样本，就会发现这个差异只是靠不住的"误差"呢？

像这种使用样本数据来确认总体的平均值差异也具有"显著性"的统计方法就是"检验"。我们应该知道，这只是使用样本数据来推断未知的总体数据的特征。

检验的对象除了平均值的差异之外，还有多种应用模式。篇幅所限，这里很难涉及所有内容或者深入介绍详细理论，有兴趣的读者可以参考相关书籍。

检验总体平均值差异的步骤如下。

①提出原假设（归无假设）："样本平均值与总体平均值之间

不存在差异"

②确认能否通过"t检验"否定（驳倒）归无假设

③如果原假设被否定，说明"二者之间的差异具有显著性"；

如不能否定，则"不能认为二者之间的差异具有显著性"

左右检验结果的条件，主要包括样本数据的个数（样本数量）和样本数据的分布方式（标准差）。了解详细的理论当然也很重要，不过我们首先要知道结果取决于这些变量。计算过程用Excel就可以完成。

如果问我在实际工作中，用过多少次检验呢？答案是几乎接近于零。一般从事实际工作的人当中，很少有人能够理解"使用样本数据对总体平均值进行检验，其结果是假设被否定，二者之间的差异具有显著性"的含义。如果分析结果的意义和机制无法获得对方的理解，就很难在工作中实现其目的。

再说，只从理论上指出"未见到统计学上具有显著性的差异，无法用来参考"，并不能解决工作中"那么到底应该怎么做"的问题。

不过了解推断性统计仍然具有以下两个方面的意义。

①能够帮助我们了解自己所使用的数据范围的局限，并在此

基础上进行分析（可以防止毫无防备地用现有的所有数据单纯地得出结论）

② 与外部分析人员交流时，经常会碰到"显著性"这个词。了解"统计学上具有显著性"的含义，可以准确地理解分析的结果，并与外部的分析人员进行沟通

从这两点来看，了解推断性统计对于提高我们的分析技能、增加相关知识具有重要意义。

后 记

本书介绍了如何将单独的数据分析方法组合起来，形成一个完整的故事，从而解决问题。大家觉得这种方法怎么样呢？

说到数据分析，很多书籍或讲座都会针对各种方法介绍基本理论和应用事例。但在实际工作中运用这些方法时，我们却会发现它们各有利弊。而且很多实际业务问题也都过于复杂，无法用单独的方法去解决。

了解基本的分析方法和思维方式，针对具体问题加以必要的调整，然后才能使它们得到充分应用。为此，需要处理大量实际问题来积累经验。

我在日产一直工作到2014年，这期间学到的知识对我现在的企业培训或者对实际业务的支援仍然有很大帮助。这些知识已经成为对任何行业和岗位都通用的软技能。

希望读者在看过本书之后，能够从在日常工作中比较熟悉的、容易解决的问题入手，逐渐培养用故事解决问题的能力。

最后，我想对过去曾经在工作中给予我帮助的各位领导和同事表示由衷的感谢。同时，如果本书能够证明日产公司在解决问题方面的不懈努力和雄厚实力，我将不胜荣幸。

此外，我还要借此机会，对为我提供写作机会的商务杂志《日经信息战略》副主编川又英纪先生表示感谢，也对总是为我增添力量的儿子优基、女儿朋佳和妻子明子说一声"谢谢"。

DATA&STORY 公司总裁

柏木吉基

出版后记

随着"大数据时代"的到来，数据已经渗透到每一个行业和所有业务职能领域。用数据解决实际问题，也已经成为每一位商业人士必不可少的能力。

然而，对于不具备专业数学及统计学基础的大多数人来说，纷繁杂乱的数据很难发挥出其应有的作用。

面对数据，很多人不知应该从何入手，选择放弃使用这一强大的武器；也有人花费大量时间和精力制作出漂亮的图表，却并不能解决任何实际问题，也经不起推敲和质疑。

本书就是专门针对上述读者而写的。全书没有任何高深的理论和原理，满满的都是从实际工作中得来的经验、技巧和方法。柏木吉基先生长期致力于对数据价值的深耕和挖掘，创造出以解决实际问题为导向的一整套数据分析流程。

本书介绍了在多种工作场景中应用数据的方法和技巧，用最简便的分析方法将数据与图表、公式、逻辑融为一体。从数据采集、处理分析到实际应用，读者应用本书提供的方法，可以轻松地实现数据与实际问题的深度融合。

无论你的工作属于营销、生产还是售后服务，无论分析消费者行为、预测产品销量还是确定工作目标，数据都可以大显神通。希望本书成为你升职加薪的助推器！

服务热线：133-6631-2326　188-1142-1266

读者信箱：reader@hinabook.com

后浪出版公司

2018 年 5 月

图书在版编目（CIP）数据

如何用数据解决实际问题 /（日）柏木吉基著；赵媛译. -- 南昌：江西人民出版社，2018.8
ISBN 978-7-210-10434-6

Ⅰ. ①如… Ⅱ. ①柏… ②赵… Ⅲ. ①日产汽车公司—企业管理—经验 Ⅳ. ① F431.364

中国版本图书馆 CIP 数据核字 (2018) 第 104461 号

NISSAN DE MANANDA SEKAI DE KATSUYAKU SURU TAME NO DATA BUNSEKI NO KYOKASHO by Yoshiki Kashiwagi.
Copyright © 2015 by Yoshiki Kashiwagi. All rights reserved.
Originally published in Japan by Nikkei Business Publications, Inc.
Simplified Chinese translation rights arranged with Nikkei Business Publications, Inc. through Bardon Chinese Media Agency

本书中文简体版权归属于银杏树下（北京）图书有限责任公司。
版权登记号：14-2018-0111

如何用数据解决实际问题

作者：[日]柏木吉基　译者：赵　媛
责任编辑：冯雪松　韦祖建　特约编辑：郎旭冉　筹划出版：银杏树下
出版统筹：吴兴元　营销推广：ONEBOOK　装帧制造：墨白空间
出版发行：江西人民出版社　印刷：天津翔远印刷有限公司
889 毫米 × 1194 毫米　1/32　6.5 印张　字数 110 千字
2018 年 8 月第 1 版　2018 年 8 月第 1 次印刷
ISBN 978-7-210-10434-6
定价：38.00 元
赣版权登字 -01-2018-390

后浪出版咨询(北京)有限责任公司 常年法律顾问：北京大成律师事务所　周天晖 copyright@hinabook.com
未经许可，不得以任何方式复制或抄袭本书部分或全部内容
版权所有，侵权必究
如有质量问题，请寄回印厂调换。联系电话：010-64010019

统计思维

在充满不确定性的世界中,
发现能一锤定音的相关性和赢利点

统计学能证明"天下乌鸦一般黑"吗?重新装修店面和销售额增长之间存在因果关系吗?想招聘具有多种能力的员工,怎样选择才科学?怎样用回归分析找出商业数据之间难以被发现的关联性?……在数据为王的时代,要在职场站稳脚跟,分析数据的能力不可或缺。

著者:[日]西内启
译者:李晨

书号:978-7-213-08338-9
定价:52.00元

内容简介丨举办抽奖活动就能增加营业额,改变供应策略就能减少库存,改进招聘政策就能提升人才质量……无论是要降低成本、增加利润,还是招聘人才,把握因果关系都是做出商业决策、提升业绩的基础。

想提升业绩就不能靠撞大运!大数据时代信息繁杂,随之涌现的千头万绪常常令人不知所措。如何才能迅速、行之有效地解决问题?统计学正是一件不可多得的利器,帮你发掘有价值的因果关系,透视隐于数据背后的商业真相。

本书专为在职场打拼的商务人士量身定制,用实实在在的案例和清晰易懂的图表解析假设检验、随机对照实验、回归分析、因子分析、聚类分析等常见统计方法在商务实战中的应用,没有统计基础的读者也不用因不懂数学而发愁。

大数据时代,解剖数据已成为我们的职场基本功。翻开本书,你就能学会用统计思维武装自己,在商场上披荆斩棘。

简单统计学

耶鲁大学简单统计学课
让数据说实话是现代社会的基本生存技能

这是本非常有趣的书,却揭示了非常严重的问题。我们经常会被数据愚弄,是时候拆穿这些诡计了。

——罗伯特·希勒,诺贝尔经济学奖得主,《非理性繁荣》作者

加里·史密斯的《简单统计学》非常有趣,利用多样例子使读者真正理解统计学。读者也会发现很多他们曾经学过的知识是错误的,本书会告诉他们为什么。

——本杰明·弗里德曼,哈佛大学政治经济学教授

著者:[美]加里·史密斯
译者:刘清山

书号:978-7-210-09841-6
定价:58.00元

内容简介 | 允许堕胎可以降低犯罪率;卓越公司有共同的特质;早晨喝一整壶咖啡可以延年益寿,每天喝两杯咖啡会增加患癌的风险;……

上述结论都是专业人士甚至是著名学者精心研究所得。如果你相信它们,你也应该信任章鱼保罗对世界杯的预测。

现代人被数据所包围,无论是学习、工作,还是日常生活,都习惯了用数据说话,可怕的是,骗子也学会了用数据说话。若要清醒思考,你需要学点统计学。

《简单统计学》脱胎于耶鲁大学热门统计学课程,加里·史密斯教授在书中巧妙地揭示了生活中的各种数据骗局,并用简单的统计学原理揭穿了其中的把戏,行文轻松幽默而又逻辑缜密,堪称一堂别开生面的统计课。

翻开本书,轻松掌握统计学背后的科学机制,掌握从数据中获取真知的技巧,全面升级你的认知。

大数据时代,解剖数据已成为我们的职场基本功。翻开本书,你就能学会用统计思维武装自己,在商场上披荆斩棘。

女士品茶

大数据时代最该懂的学科就是统计学
科学松鼠会推荐统计学领域入门必读书

◎ 统计学入门首选读本，科学松鼠会强力推荐！
这是一本经典的入门级读物，每介绍一个新的概念，都会进行大量的背景介绍，再辅以相关奇闻异事。就算是对于一个门外汉来说，也能读懂一个特定概念是做什么用的。

◎ 像小说一样的科普书，堪称统计学领域的《苏菲的世界》
在作者笔下，固执的皮尔逊、低调的戈塞特、天才的费舍尔，一如武林高手一样，在统计学的思想领域激烈交锋。他们和后续各个时代代表性的天才，共同演绎了二十世纪这场绚丽多彩又跌宕起伏的统计学革命。有读者评论，本书之于统计学，一如《苏菲的世界》之于哲学。

◎ 了解统计学的人，运气都不会太差。大数据时代，你需要懂点统计学思想。
统计学从不猜想，而是测量未来！从买乐透到大数据，全都需要统计学，不懂统计学，你就等着被骗吧！

内容简介 | 统计学之所以被滥用、误用，其实是因为它太有用，在某种程度上，可以说改变了世界上处理问题的方式。
这是一部统计学的史诗。一百多年来，统计学从无到有，以至于蔚为壮观。一部统计学的发展史，就是一部不断革新现有科学体系的历史。本书深入浅出地描绘了这一历程，为读者奉献了一场思想的饕餮盛宴。
这是一部大数据时代不容错过的实用之书。大数据时代，一切以数据说话，如何解读数据便与每个人的日常生活息息相关。统计学的本质就在于解读数据，读懂了本书，你就是大数据时代的明白人。

著者：[美]戴维·萨尔斯伯格
译者：刘清山

书号：978-7-210-08525-6
定价：48.00元

精准努力

参与过2000个企业并购项目的财务金融专家,用一个公式教你成为未来的"稀缺工作者",自己人生的CEO。

◎ 如今,金融已无所不在地渗透到我们工作和生活的方方面面。要跟上时代的步伐,就必须具备金融视角,学会用金融思维看问题。

◎ 本书将基本的金融常识与职场进阶结合起来,教会读者用金融估值的黄金公式找准自我提升的方向,无所畏惧地面对知识加速迭代的未来。

内容简介 | 在金融领域,人们往往会用"现值(PV)=未来的现金流量(CF)÷折现率(R)"来评估企业的价值。其实,同样的公式也可以用来衡量一个人的职场价值:一个员工在劳动力市场上是否抢手,取决于他未来能否稳定地创造出大量的现金流。既然如此,我们又该如何提升自己的价值、让自己脱颖而出呢?

在本书中,曾经经手2000余件企业评估案的金融专家野口真人,提出了一条以"提升自我价值"为核心的职场突围法则,即在发展赚钱能力的同时,努力提升自己的"信用"。 跟随作者的脚步,读者将学会用基本的金融思维解析职场生活中常见的场景和案例,把自己从有关求职、升职、跳槽、工作、社交的纷繁思绪中解脱出来,在职场进阶的道路上轻装简行。

著者:[日]野口真人
译者:谷文诗

书号:978-7-5142-1870-1
定价:36.00元